Signatura rerum

Giorgio Agamben

Signatura rerum

Sobre o método

Tradução

Andrea Santurbano e Patricia Peterle

BOITEMPO

Título original: Signatura rerum. Sul metodo
Originalmente publicado por Bollati Boringhieri editore, Turim.

Direção geral Ivana Jinkings
Edição Isabella Marcatti
Assistência editorial Andréa Bruno
Tradução Andrea Santurbano e Patricia Peterle
Preparação Silvana Cobucci
Revisão Carmen T. S. Costa
Coordenação de produção Livia Campos
Capa Ronaldo Alves
Diagramação Antonio Kehl

Equipe de apoio: Ana Carolina Meira, André Albert, Artur Renzo, Bibiana Leme, Carolina Mercês, Clarissa Bongiovanni, Débora Rodrigues, Elaine Ramos, Frederico Indiani, Heleni Andrade, Higor Alves, Ivam Oliveira, Joanes Sales, Kim Doria, Luciana Capelli, Marina Valeriano, Marlene Baptista, Maurício Barbosa, Raí Alves, Talita Lima, Tulio Candiotto

CIP-BRASIL. CATALOGAÇÃO NA PUBLICAÇÃO
SINDICATO NACIONAL DOS EDITORES DE LIVROS, RJ

A21s
Agamben, Giorgio, 1942-
Signatura rerum : sobre o método / Giorgio Agamben ; tradução Andrea Santurbano, Patricia Peterle. - 1. ed. - São Paulo : Boitempo, 2019.
23 cm.

Tradução de: Signatura rerum. sul metodo
Inclui bibliografia
índice onomástico
ISBN 978-85-7559-700-2

1. Foucault, Michel, 1926-1984. 2. Paradigma (Teoria do conhecimento). 3. Filosofia italiana. I. Santurbano, Andrea. II. Peterle, Patricia. III. Título.

19-56606 CDD: 195
CDU: 1(450)

Leandra Felix da Cruz - Bibliotecária - CRB-7/6135

1ª edição: maio de 2019

BOITEMPO
Jinkings Editores Associados Ltda.
Rua Pereira Leite, 373
05442-000 São Paulo SP
Tel.: (11) 3875-7250 / 3875-7285
editor@boitempoeditorial.com.br | www.boitempoeditorial.com.br
www.blogdaboitempo.com.br | www.facebook.com/boitempo
www.twitter.com/editoraboitempo | www.youtube.com/tvboitempo

Sumário

Nota do autor

Quem conhece a prática da pesquisa nas ciências humanas sabe que, ao contrário da opinião comum, a reflexão sobre o método geralmente não antecede, mas é posterior a essa prática. De algum modo, portanto, trata-se de pensamentos secundários, a serem discutidos entre amigos ou especialistas, e que só um longo hábito com a pesquisa pode legitimar.

Os três estudos aqui reunidos contêm as reflexões do autor sobre três problemas específicos de método: o conceito de paradigma, a teoria das assinaturas e a relação entre história e arqueologia. Se essas reflexões sempre são apresentadas como uma investigação sobre o método de um estudioso, Michel Foucault, com quem o autor teve a oportunidade de aprender muito nos últimos anos, isso acontece porque um dos princípios metodológicos não discutidos no livro – que o autor deve a Walter Benjamin – é que a doutrina só pode ser exposta legitimamente sob a forma da interpretação. O leitor atento saberá diferenciar entre o que, nos três estudos, deve se referir a Foucault, o que deve ser atribuído ao autor e o que vale para os dois. Contrariamente à opinião comum, o método efetivamente partilha com a lógica a impossibilidade de ser totalmente separado do contexto em que atua. Não existe um método válido em qualquer âmbito, assim como não existe uma lógica que possa prescindir de seus objetos.

De acordo com outro princípio metodológico – igualmente não discutido no livro – do qual o autor faz uso frequente, o elemento genuinamente filosófico em cada obra, seja ela obra de arte, de ciência ou de pensamento, é sua capacidade de ser desenvolvida, que Feuerbach definia como *Entwicklungsfähigkeit*. Precisamente quando se segue tal princípio, a diferença entre o que é do autor da obra e o que deve ser atribuído a quem a interpreta e a desenvolve se torna tão essencial quanto difícil de se apreender. O autor, portanto, preferiu arriscar-se a atribuir a textos de outros o que ia elaborando a partir deles, em vez de correr o risco inverso e se apropriar de pensamentos ou itinerários de pesquisa que não lhe pertenciam.

Aliás, toda pesquisa nas ciências humanas – e, por conseguinte, também a presente reflexão sobre o método – deveria implicar um cuidado arqueológico, isto é, retroceder no próprio percurso até o ponto em que algo ficou obscuro e não tematizado. Só um pensamento que não esconde o próprio não-dito, mas incessantemente o retoma e o desenvolve, pode, eventualmente, pretender a originalidade.

1. O que é um paradigma?

1. Em minhas pesquisas, pude analisar algumas figuras – o *homo sacer* e o muçulmano, o estado de exceção e o campo de concentração – que certamente são, mesmo que em medida diferente, fenômenos históricos positivos, mas que nelas eram tratados como paradigmas, cuja função era constituir e tornar inteligível um contexto histórico-problemático mais amplo. Será oportuno nos determos aqui no sentido e na função do uso dos paradigmas na filosofia e nas ciências humanas, uma vez que isso deu lugar a equívocos, em especial com aqueles que – com maior ou menor boa-fé – julgaram que minha intenção era oferecer teses ou reconstruções de caráter meramente historiográfico.

Em seus escritos, Michel Foucault se serve mais de uma vez da expressão "paradigma", sem jamais defini-la com precisão, contudo. Por outro lado, tanto na *Archéologie du savoir* [Arqueologia do saber] quanto nos escritos posteriores, ele designa os objetos das suas pesquisas – para distingui-los daqueles das disciplinas históricas – com os termos "positividade", "problematizações", "dispositivos", "formações discursivas" e, mais em geral, "saberes". Na aula ministrada em maio de 1978 na Société Française de Philosophie, ele define deste modo o que se deve entender por "saber": "a palavra 'saber' indica todos os procedimentos e todos os efeitos de conhecimento que a certa altura um campo específico se dispõe a aceitar". E, para mostrar sua necessária relação com o conceito de poder, logo depois acrescenta:

> não se pode, de fato, configurar um elemento de saber se, por um lado, ele não está de acordo com um conjunto de regras e constrições próprias de certo tipo de discurso científico numa determinada época e se, por outro lado, não é dotado dos efeitos de coerção típicos do que é convalidado como científico, ou simplesmente racional ou comumente admitido.[1]

Já se observou a analogia entre esses conceitos e o que Thomas S. Kuhn, em seu livro *The Structure of Scientific Revolutions* [A estrutura das revoluções científicas] (1962), chama de "paradigma científico". Embora Foucault não tenha tematizado o funcionamento dos paradigmas, segundo Hubert Dreyfus e Paul Rabinow "parece claro que seu trabalho segue uma orientação

---

[1] Michel Foucault, *Dits et écrits* (org. Daniel Defert e Francois Ewald, Paris, Gallimard, 1994), v. 3, p. 54-5 [ed. bras.: *Ditos e escritos*, Rio de Janeiro, Forense Universitária, 2010-2014, 10 v.].

que põe em prática essas noções [...]. Seu método consiste em descrever os discursos como articulações históricas de um paradigma e seu modo de conceber a análise implica que ele isole e descreva os paradigmas sociais e suas aplicações concretas"[2].

Todavia, Foucault – que declara ter lido o "admirável e definitivo" livro de Kuhn somente depois de ter concluído *Les Mots et les choses*[3] [*As palavras e as coisas*] – praticamente nunca se refere a ele em suas pesquisas e, na introdução à edição americana de Canguilhem* (1978), parece até tomar certo distanciamento dele:

> ela (a norma) não pode ser identificada com uma estrutura teórica ou um paradigma atual, pois a verdade científica de hoje é apenas um episódio dela, ou, no máximo, um termo provisório. Não é com base numa "ciência normal", no sentido de T. S. Kuhn, que podemos nos voltar para o passado e retraçar sua história de forma válida; é reencontrando seu processo "normado", do qual o saber atual constitui apenas um momento.[4]

---

[2] Hubert L. Dreyfus e Paul Rabinow, *Michel Foucault, un parcours philosophique. Au-delà de l'objectivité et de la subjectivité* (Paris, Gallimard, 1992), p. 285 [ed. bras.: *Michel Foucault: uma trajetória filosófica*, trad. Vera Porto Carrero, Rio de Janeiro, Forense Universitária, 1995].

[3] Michel Foucault, *Dits et écrits*, cit., v. 2, p. 239-40.

* O autor provavelmente se refere a Georges Canguilhem, *The Normal and the Pathological* (Boston, D. Reidel, 1978) [ed. fr.: *Le Normal et le pathologique*, Paris, Presses Universitaires de France, 1966; ed. bras.: *O normal e o patológico*, trad. Maria Thereza Redig de Carvalho Barrocas, Rio de Janeiro, Forense Universitária, 1978]. (N. E.)

[4] Michel Foucault, *Dits et écrits*, v. 3, p. 436-7.

Antes de tudo, portanto, é preciso verificar se a analogia entre os dois métodos não corresponde a problemas, estratégias e níveis de pesquisa diferentes e se o "paradigma" da arqueologia foucaultiana não é simplesmente homônimo do que caracteriza, segundo Kunh, a produção das revoluções científicas.

2. Thomas Kuhn reconhece que empregou o conceito de paradigma em dois sentidos diferentes[5]. No primeiro – que ele substitui pelo termo "matriz disciplinar" –, o paradigma designa o que os membros de dada comunidade científica têm em comum, isto é, o conjunto das técnicas, dos modelos e dos valores a que eles, mais ou menos conscientemente, aderem. No segundo sentido, o paradigma é um elemento individual desse conjunto – os *Principia* de Newton ou o *Almagesto* de Ptolomeu – que, funcionando como exemplo comum, toma o lugar das regras explícitas e permite definir uma tradição de pesquisa particular e coerente.

Desenvolvendo o conceito de *Denkstil* [estilo de pensamento] em Ludwik Fleck, que define o que é ou não pertinente no interior de um *Denkkollectiv* [pensamento coletivo], trata-se, para Kuhn, de examinar por meio do paradigma o que possibilita

[5] Thomas S. Kuhn, *La struttura delle rivoluzioni scientifiche* (Turim, Einaudi, 1978), p. 212 [ed. bras.: *A estrutura das revoluções científicas*, 13. ed., trad. Beatriz Vianna Boeira e Nelson Boeira, São Paulo, Perspectiva, 2018].

a constituição de uma ciência normal, capaz de determinar os problemas que a comunidade deve considerar científicos e os que não o são. Nesse sentido, ciência normal não significa uma ciência dirigida por um sistema preciso e coerente de regras: ao contrário, se para Kuhn as regras derivam dos paradigmas, estes "podem determinar a ciência normal" mesmo na ausência de regras[6]. Esse é o segundo significado do conceito de paradigma, que Kuhn considera "o mais novo" e profundo[7]: o paradigma é apenas um exemplo, um caso individual, que, através de sua repetibilidade, adquire a capacidade de modelar tacitamente o comportamento e as práticas de pesquisa dos cientistas. O império da regra como cânone de cientificidade é substituído assim pelo do paradigma, e a lógica universal da lei é substituída pela lógica específica e singular do exemplo. E, quando um velho paradigma é substituído por um novo, incompatível com ele, se produz o que Kuhn chama de uma revolução científica.

3. Uma das orientações mais constantes da pesquisa de Foucault é o abandono da abordagem tradicional do problema do poder, baseada em modelos jurídicos e institucionais e em categorias universais (o direito, o Estado, a teoria da soberania),

---

[6] Ibidem, p. 70.

[7] Ibidem, p. 226.

em prol de uma análise dos dispositivos concretos mediante os quais o poder penetra nos próprios corpos dos súditos e governa suas formas de vida. A analogia com os paradigmas kuhnianos parece encontrar aqui uma confirmação importante. Da mesma forma que Kuhn deixa de lado a identificação e o exame das regras que constituem uma ciência normal, para se concentrar nos paradigmas que determinam o comportamento dos cientistas, Foucault rediscute a primazia tradicional dos modelos jurídicos da teoria do poder, para fazer com que sobressaiam as inúmeras disciplinas e as técnicas políticas por meio das quais o Estado integra em si o cuidado com a vida dos indivíduos. E, assim como Kuhn separa a ciência normal do sistema das regras que a define, Foucault distingue mais de uma vez a "normalização", que caracteriza o poder disciplinar, da sistemática jurídica dos procedimentos legais.

Se parece não haver dúvida sobre a proximidade entre os dois métodos, são ainda mais enigmáticos não apenas o silêncio de Foucault a respeito de Kuhn, mas também o cuidado com o qual, em *Archéologie du savoir*, ele parece evitar o próprio termo "paradigma". As razões desse silêncio certamente podem ser pessoais. Na citada réplica a George Steiner, que ele recriminava por não ter citado o nome de Kuhn, Foucault, depois de explicar que só leu o livro de Kuhn após a redação de *Les Mots et les choses*, especifica: "então, não citei Kuhn, mas o historiador da ciência que plasmou e inspirou seu pensamento:

Georges Canguilhem"[8]. Tal afirmação, para dizer o mínimo, é surpreendente, porque Kuhn, embora declare no prefácio sua dívida com dois epistemólogos franceses, Alexandre Koyré e Émile Meyerson, nunca cita Canguilhem em seu livro. Como Foucault certamente não fez uma afirmação leviana, talvez – em virtude da estreita relação que o ligava a Canguilhem – ele tenha desejado devolver a Kuhn sua falta de cortesia. No entanto, por mais que Foucault não fosse insensível a motivações pessoais, sem dúvida as razões de seu silêncio não podem ser apenas dessa ordem.

4. De fato, uma leitura mais atenta dos escritos de Foucault mostra que, mesmo sem nomear o epistemólogo americano, ele lida mais de uma vez com sua noção de paradigma. Na entrevista de 1976 concedida a Alessandro Fontana e Pasquale Pasquino, ao falar da noção de descontinuidade, Foucault opõe explicitamente os "regimes discursivos", com os quais ele trabalha, aos paradigmas:

> Não é, portanto, uma mudança de conteúdo (refutação de velhos erros, descoberta de novas verdades), não é tampouco uma alteração da forma teórica (renovação do paradigma, modificação dos conjuntos sistemáticos); o que está em questão é aquilo que *governa* [*régit*] os enunciados e o modo como uns e outros

[8] Michel Foucault, *Dits et écrits*, cit., v. 2, p. 280.

> se *governam* [*régissent*], para constituírem um conjunto de proporções cientificamente aceitáveis e passíveis, por conseguinte, de ser verificadas ou invalidadas através de procedimentos científicos. É, em suma, um problema de regime [*régime*], de política do enunciado científico. Neste nível, não se trata de saber qual é o poder que pesa do exterior sobre a ciência, mas quais efeitos de poder circulam entre os enunciados científicos; qual é, de certo modo, seu regime interno de poder; e como e por que, em determinados momentos, eles se modificam de forma global.[9]

Poucas linhas depois, referindo-se a *Les Mots et les choses*, a distância entre regime discursivo (fenômeno genuinamente político) e paradigma (critério de verdade científica) é ulteriormente enfatizada:

> O que faltava ao meu trabalho era este problema do regime discursivo, dos efeitos de poder próprios do jogo enunciativo. Confundia-os demasiadamente com a sistematicidade, a forma teórica ou algo como o paradigma.[10]

A certa altura, portanto, Foucault sentiu com muita força a proximidade do paradigma kuhniano – mas ela, mais do que o efeito de uma afinidade real, era o fruto de uma confusão. Para ele, foi decisivo o deslocamento do paradigma da epistemologia para a política, sua deslocação no plano de uma política

[9] Ibidem, v. 3, p. 143-4.

[10] Ibidem, p. 144.

dos enunciados e dos regimes discursivos, em que já não se trata de uma "alteração da forma teórica" e sim do "regime interno de poder", que determina o modo como os enunciados "se governam para constituírem um conjunto".

Nessa perspectiva, uma leitura de *Archéologie du savoir* mostra que já em 1969 Foucault – mesmo sem nomeá-los explicitamente – parece querer conscientemente distinguir o tema de suas pesquisas dos paradigmas kuhnianos. As formações discursivas com as quais ele trabalha não definem

> o estado dos conhecimentos num determinado momento: eles não constituem o balanço do que, já a partir daquele momento, pôde ser demonstrado e assumir o estatuto de aquisição definitiva; o balanço do que, em compensação, era aceito sem prova nem demonstração suficiente, ou do que era admitido por crença comum ou solicitado pela força da imaginação. Analisar as positividades significa mostrar segundo quais regras uma prática discursiva pode formar grupos de objetos, conjuntos de enunciações, jogos de conceitos, séries de escolhas teóricas.[11]

Um pouco mais abaixo, Foucault descreve algo que parece corresponder aos paradigmas kuhnianos, mas que ele prefere chamar de "figuras epistemológicas" ou "limiares de epistemologização":

---

[11] Michel Foucault, *L'Archéologie du savoir* (Paris, Gallimard, 1969), p. 236-7 [ed. bras.: *A arqueologia do saber*, trad. Luiz Felipe B. Neves, 8. ed., Rio de Janeiro, Forense Universitária, 2012].

> Quando, no jogo de uma formação discursiva, um conjunto de enunciados adquire relevância, pretende fazer valer (mesmo sem conseguir) normas de verificação e de coerência e exerce, em relação ao saber, uma função dominante (de modelo, de crítica ou de verificação), diremos que a formação discursiva transpõe um *limiar de epistemologização*. Quando a figura epistemológica assim delineada obedece a certo número de critérios formais [...].[12]

A mutação tecnológica não é somente formal: de modo totalmente coerente com as premissas da *Archéologie*, Foucault desloca a atenção dos critérios que permitem a constituição de uma ciência normal no tocante aos sujeitos (os membros de uma comunidade científica) para a pura realização de "conjuntos de enunciados" e de "figuras", independentemente de qualquer referência a sujeitos ("um conjunto de enunciados adquire relevância", "a figura [...] assim delineada"). E quando, a propósito dos diferentes tipos de história das ciências, ele define o próprio conceito de *episteme*, não se trata, mais uma vez, de identificar algo como uma visão de mundo ou uma estrutura de pensamento que impõe a sujeitos normas e postulados comuns. Episteme é mais "o conjunto das relações capazes de unir, numa determinada época, as práticas discursivas que dão lugar a figuras epistemológicas, a ciências, eventualmente a sistemas formalizados"[13]. Ela não define, como o paradigma

[12] Ibidem, p. 243-4.

[13] Ibidem, p. 250.

kuhniano, o que é possível saber em determinada época, mas o que está implícito no fato de certo discurso ou certa figura epistemológica poderem se realizar: "no enigma do discurso científico, o que ela põe em jogo não é seu direito a ser uma ciência, é o fato de existir"[14].

A *Archéologie du savoir* foi lida como um manifesto do *descontinuísmo* historiográfico. Esteja exata ou não essa definição – que Foucault contesta mais vezes –, é certo que no livro ele parece interessado sobretudo no que, apesar de tudo, permite constituir contextos e conjuntos, na existência positiva de "figuras" e de séries. Só que tais contextos se produzem segundo um modelo epistemológico totalmente peculiar, que não coincide nem com os comumente admitidos na pesquisa histórica, nem com os paradigmas kuhnianos, e que será preciso, portanto, identificar.

5. Consideremos o panoptismo, tal como analisado na terceira parte de *Surveiller et punir* [*Vigiar e punir*]. Trata-se, antes de tudo, de um fenômeno histórico singular, o *panopticon*, modelo arquitetônico que Jeremy Bentham publica em Dublin, em 1791, com o título de *Panopticon, or The Inspection-house. Containing the Idea of a New Principle of Construction,*

[14] Ibidem, p. 251.

Applicable to Any Sort of Establishment, in which Persons of Any Description Are to Be Kept under Inspection... [O Panóptico, ou a casa de inspeção: contendo a ideia de um novo princípio de construção, aplicável a qualquer sorte de estabelecimentos, em que pessoas de qualquer tipo necessitem ser mantidas sob inspeção...]. Foucault lembra suas características essenciais:

> O princípio é conhecido; na periferia uma construção em anel; no centro uma torre cortada por largas janelas que se abrem em direção à face interior do anel; a construção periférica é dividida em celas, cada uma das quais ocupa toda a espessura da construção; elas têm duas janelas, uma voltada para o interior, em correspondência com a janela da torre; a outra, voltada para o exterior, que permite à luz atravessar a cela de lado a lado. Basta, então, colocar um vigia na torre central, e em cada cela trancafiar um louco, um doente, um condenado, um operário ou um estudante. Pelo efeito da contraluz, é possível perceber da torre, perfilando-se exatamente, as pequenas silhuetas prisioneiras nas celas da periferia. Tantas jaulas, e outros tantos pequenos teatros [...].[15]

Mas o *panopticon* é ao mesmo tempo um "modelo generalizável de funcionamento"[16], precisamente "panoptismo", ou seja, "princípio de um conjunto", e "modalidade panóptica

---

[15] Michel Foucault, *Surveiller et punir. Naissance de la prison* (Paris, Gallimard, 1975), p. 218 [ed. it.: *Sorvegliare e punire. Nascita della prigione*, 2. ed., Turim, Einaudi, 1993; ed. bras.: *Vigiar e punir: o nascimento da prisão*, trad. Raquel Ramalhete, 36. ed., Petrópolis, Vozes, 2009].

[16] Ibidem, p. 223.

do poder"[17]. Como tal, ele é uma "figura de tecnologia política que pode e deve ser destacado de todo uso específico"[18]: não é apenas um "edifício onírico", mas o "diagrama de um mecanismo de poder reconduzido à sua forma ideal"[19]. Em suma, ele funciona como um paradigma em sentido próprio: um objeto singular que, valendo para todos os outros da mesma classe, define a inteligibilidade do conjunto do qual faz parte e que, ao mesmo tempo, constitui. Quem leu *Surveiller et punir* sabe bem como, colocado ao final da seção sobre as disciplinas, o *panopticon* desenvolve uma função estratégica decisiva para a compreensão da modalidade disciplinar do poder e como ele se torna algo como a figura epistemológica que, definindo o universo disciplinar da modernidade, ao mesmo tempo marca o limiar pelo qual ele transpassa para as sociedades de controle.

Não se trata de um caso isolado na obra de Foucault: ao contrário, pode-se dizer que, nesse sentido, o paradigma define o método foucaultiano no seu gesto mais característico. O *grand enfermement* [grande reclusão], a confissão, a investigação, o exame, o cuidado de si: uma série de fenômenos históricos singulares que são tratados – e isso constitui a especificidade da pesquisa de Foucault no tocante à historiografia – como

[17] Ibidem, p. 241.

[18] Ibidem, p. 224.

[19] Idem.

paradigmas que decidem por um contexto problemático mais amplo que ao mesmo tempo constituem e tornam inteligível.

Observou-se que Foucault mostrou a pertinência dos contextos produzidos por campos metafóricos em relação aos criados por cesuras meramente cronológicas[20]. Seguindo uma orientação já presente em obras como *Les Rois thaumaturges* [Os reis taumaturgos] de Marc Bloch, *The King's Two Bodies* [Os dois corpos do rei] de Ernst Kantorowicz ou *Le Problème de l'incroyance* [O problema da incredulidade] de Lucien Febvre, Foucault teria libertado a historiografia do domínio exclusivo dos contextos metonímicos (o século XVIII, a França meridional), para devolver a primazia aos contextos metafóricos. A observação só está correta se esclarecermos que, pelo menos para Foucault, não se trata de metáforas, e sim de paradigmas no sentido mencionado, que não obedecem à lógica do transporte metafórico de um significado, mas àquela analógica do exemplo. Não lidamos aqui com um significante, que é ampliado para designar fenômenos heterogêneos em virtude de uma mesma estrutura semântica; mais parecido com a alegoria do que com a metáfora, o paradigma é um caso individual que é isolado do contexto do qual faz parte apenas na medida em que ele, exibindo a própria singularidade, torna inteligível um novo conjunto, cuja homogeneidade é constituída por ele mesmo. Assim, dar um

[20] Daniel S. Milo, *Trahir le temps. Histoire* (Paris, Les Belles Lettres, 1991), p. 236.

exemplo é um ato complexo, que supõe que o termo que serve de paradigma esteja desativado de seu uso normal, não para ser transferido para outro âmbito, mas, ao contrário, para mostrar o cânone daquele uso, que não é possível exibir de outro modo.

Festo nos informa que os latinos distinguiam *exemplar* de *exemplum*: o primeiro, que se aprecia com os sentidos (*oculis conspicitur*), indica o que devemos imitar (*exemplar est quod simile faciamus*); o segundo, por sua vez, exige uma avaliação mais complexa (não apenas sensível: *animo aestimatur*) e tem um significado sobretudo moral e intelectual. O paradigma foucaultiano é as duas coisas ao mesmo tempo: não apenas exemplar e modelo, que impõe a constituição de uma ciência normal, mas também e sobretudo *exemplum*, que permite reunir enunciados e práticas discursivas num novo conjunto inteligível e num novo contexto problemático.

6. O *locus classicus* de uma epistemologia do exemplo encontra-se nos *Analitica priora*. Aqui Aristóteles distingue o procedimento por paradigmas da indução e da dedução. Ele escreve: "É claro que o paradigma não funciona como uma parte em relação ao todo [*hōs méros pros hólon*], nem como um todo em relação à parte [*hōs hólon pros méros*], mas como parte em relação à parte [*hōs méros pros méros*], no caso em que ambos estiverem sob o mesmo, sendo um mais conhecido que

o outro"[21]. Enquanto a indução procede do particular para o universal e a dedução do universal para o particular, o que define o paradigma é uma terceira e paradoxal espécie de movimento, que vai do particular para o particular. O exemplo constitui uma forma peculiar de conhecimento que não procede articulando universal e particular, mas parece residir no plano deste último. O tratamento aristotélico do paradigma não vai além dessas observações correntes, e o estatuto de um conhecimento que permanece no particular não é ulteriormente questionado. Aristóteles não apenas parece acreditar que o gênero comum preexiste aos particulares, mas que também o estatuto de "maior cognoscibilidade" (*gnōrimṓteron*), que é da ordem do exemplo, continua indefinido.

O estatuto epistemológico do paradigma só se torna claro se, radicalizando a tese de Aristóteles, compreendemos que ele rediscute a oposição dicotômica entre o particular e o universal, que estamos habituados a considerar inseparável dos procedimentos cognoscitivos, e nos apresenta uma singularidade que não se deixa reduzir a nenhum dos dois termos da dicotomia. O regime do seu discurso não é a lógica, mas a analogia, cuja teoria Enzo Melandri, num livro já clássico, reconstruiu. E o *análogon*, que ele produz, não é nem particular nem geral. Daí seu valor especial, que é preciso entender.

---

[21] Aristóteles, *Analitica priora*, 69 a, 13-14.

7. Em *La linea e il circolo* [A linha e o círculo], Melandri mostrou que a analogia se opõe ao princípio dicotômico que domina a lógica ocidental. Contra a alternativa drástica "ou A ou B", que exclui o terceiro, ela faz valer a cada vez seu *tertium datur*, seu obstinado "nem A nem B". Ou seja, a analogia intervém nas dicotomias lógicas (particular/universal; forma/conteúdo; legalidade/exemplaridade etc.) não para compô-las numa síntese superior, mas para transformá-las num campo de força percorrido por tensões polares, em que, exatamente como acontece num campo eletromagnético, elas perdem sua identidade substancial. Mas em que sentido e de que modo se dá aqui um terceiro? Certamente, não como um termo homogêneo aos dois primeiros, cuja identidade poderia, por sua vez, ser definida por uma lógica binária. É somente do ponto de vista da dicotomia que o análogo (ou o paradigma) pode aparecer como um *tertium comparationis*. Aqui, o terceiro analógico é atestado antes de tudo pela desidentificação e pela neutralização dos dois primeiros, que agora se tornam indiscerníveis. O terceiro é essa indiscernibilidade, e ao tentarmos apreendê-lo através de cesuras bivalentes necessariamente nos chocamos com um indecidível. Nesse sentido, é impossível separar claramente num exemplo sua paradigmaticidade, seu valer para todos, do seu ser um caso individual entre os demais. Como num campo magnético, não estamos lidando com grandezas extensivas e escalares, mas com intensidades vetoriais.

8. Talvez em nenhum outro lugar a relação paradoxal do paradigma com a generalidade seja expressa com a mesma força que no trecho da *Kritik der Urteilskraft* [Crítica do juízo] em que Kant pensa a necessidade do juízo estético na forma de um exemplo, cuja regra é impossível de ser dada:

> Essa necessidade é de uma espécie particular: não é uma necessidade teorética objetiva, em que se pode pensar *a priori* que cada um sentirá aquele determinado prazer em relação ao objeto que chamei de belo; não é tampouco uma necessidade prática, em que esse prazer é a consequência necessária de um puro querer racional, que serve de regra para um ser que age livremente, e que não significa outra coisa senão que se deve absolutamente agir daquele determinado modo. Como necessidade que é pensada em um juízo estético, ela só pode ser definida em forma de exemplo [*exemplarisch*], isto é, como a necessidade do consenso de todos perante um juízo, que pode ser visto como o exemplo [*Beispiel*] de uma regra geral, que não é possível alegar [*angeben*].[22]

Tal como o juízo estético segundo Kant, o paradigma na realidade pressupõe a impossibilidade da regra; mas, se ela falta ou é impossível de ser formulada, de onde o exemplo poderá tirar seu valor probatório? E como é possível fornecer os exemplos de uma regra inatribuível?

---

[22] Immanuel Kant, *Kritik der Urtheilskraft*, em *Werkausgabe* (org. Wilhelm Weischedel, Frankfurt a. M., Suhrkamp, 1974), v. X, p. 155-6.

A aporia só é resolvida quando se compreende que o paradigma implica o abandono sem reservas do par particular-geral como modelo da inferência lógica. A regra (se aqui ainda é possível falar de regra) não é uma generalidade que preexiste aos casos individuais e se aplica a eles, nem algo que resulta da enumeração exaustiva dos casos particulares. Ao invés disso, é a mera exibição do caso paradigmático que constitui a regra, que, enquanto tal, não pode ser nem aplicada nem enunciada.

9. Quem conhece a história das ordens monásticas sabe que, pelo menos nos primeiros séculos, é difícil compreender o estatuto daquilo que os documentos chamam de "regra". Nas atestações mais antigas, regra significa simplesmente *conversatio fratrum*, o modo de vida dos monges de determinado mosteiro. Ela normalmente é identificada com o modo de vida do fundador, considerado como *forma vitae*, ou seja, como exemplo a ser seguido; e a vida do fundador é, por sua vez, a sequela da vida de Jesus como é narrada nos Evangelhos. Com o progressivo desenvolvimento das ordens monásticas e a crescente necessidade de um controle por parte da Cúria romana, o termo *regula* assume cada vez mais o significado de um texto escrito, que é conservado no mosteiro e deve ser preventivamente lido para aquele que, abraçando a vida monástica, aceita submeter-se às prescrições e às proibições nele contidas. Mas, pelo menos

até São Bento, a regra não é uma norma geral, mas apenas a comunidade de vida (o "cenóbio", *koinós bíos*), que resulta de um exemplo e em que a vida de cada monge tende, no limite, a tornar-se paradigmática, a constituir-se como *forma vitae*.

Isso significa que, unindo as considerações de Aristóteles com as de Kant, podemos dizer que o paradigma implica um movimento que vai da singularidade à singularidade e que, sem sair desta, transforma cada caso individual em *exemplar* de uma regra geral que nunca é possível formular *a priori*.

10. Em 1947, Victor Goldschmidt – um autor que Foucault demonstra conhecer e apreciar – publica *Le Paradigme dans la dialectique platonicienne* [O paradigma na dialética platônica]. Como frequentemente acontece nos escritos desse genial historiador da filosofia, o exame de um problema aparentemente marginal – o uso do exemplo nos diálogos platônicos – lança uma nova luz sobre todo o pensamento de Platão e, em particular, sobre a relação entre as ideias e o sensível, cuja expressão técnica é o paradigma. Georges Rodier já observara que nos diálogos as ideias às vezes servem de paradigma para as coisas sensíveis, mas outras vezes são os sensíveis que se apresentam como paradigmas das ideias. Se, no *Eutífron*, a ideia da piedade é usada, nesse sentido, como paradigma para a compreensão dos sensíveis correspondentes, no *Político*, ao contrário, é

um paradigma sensível – a tessitura – que conduz à compreensão das ideias. Para explicar como um exemplo pode produzir conhecimento, Platão introduz aqui como "paradigma para o paradigma" o exemplo das sílabas que as crianças conseguem reconhecer em diferentes palavras.

> Gera-se um paradigma quando um ente, que se encontra em algo de outro e de separado [*diespasménōi* – mas o termo grego significa "rasgado, lacerado"] em outro, é avaliado corretamente e reconhecido como o próprio e, ao ser recolocado junto, produz uma opinião única e verdadeira tanto em relação a cada um quanto a ambos.[23]

Comentando essa definição, Goldshmidt mostra que parece existir aqui uma estrutura paradoxal, ao mesmo tempo sensível e mental, que ele chama de "forma-elemento"[24]. Em outras palavras, apesar de ser um fenômeno singular sensível, o paradigma de algum modo contém o *éidos*, a própria forma que se trata de definir. Em outros termos, ele é não um simples elemento sensível presente em dois lugares diferentes, mas algo como uma relação entre o sensível e o mental, o elemento e a forma ("o elemento paradigmático é ele mesmo uma relação"[25]). Assim como na reminiscência – que Platão usa frequentemente como

---

[23] Platão, *Político*, 278 c.

[24] Victor Goldschmidt, *Le Paradigme dans la dialectique platonicienne* (Paris, Vrin, 1985 [1947]), p. 53.

[25] Ibidem, p. 77.

paradigma do conhecimento – um fenômeno sensível é posto numa relação não sensível consigo mesmo e, dessa forma, re-conhecido no outro, também no paradigma não se trata simplesmente de constatar certa semelhança sensível, mas de produzi-la através de uma operação. Por isso, o paradigma nunca é já dado, mas se gera e produz (*paradeígmatos ... génesis*[26]; *paradeígmata ... gignómena*[27]) mediante um "pôr ao lado", um "juntar" e, sobretudo, um "mostrar" e um "expor" (*parabállontas ... paratithémena ... endeíknynai ... deichthēî ... deichethénta*[28]). Em outros termos, a relação paradigmática não se dá simplesmente entre cada objeto sensível, nem entre eles e uma regra geral, mas acima de tudo entre a singularidade (que assim se torna paradigma) e sua exposição (isto é, sua inteligibilidade).

11. Consideremos o caso, relativamente simples, do exemplo gramatical. A gramática se constitui e pode enunciar suas regras apenas por uma prática paradigmática, pela exibição de exemplos linguísticos. Mas qual é o uso da língua que define a prática gramatical? Como se produz um exemplo gramatical? Tomemos o caso dos paradigmas que, nas gramáticas latinas, dão conta da declinação dos substantivos. O termo *rosa*, por meio

---

[26] Platão, *Político*, 278 c, 4.

[27] Ibidem, 278 b, 5.

[28] Idem.

da sua exibição paradigmática (*rosa, ros-ae, ros-ae, ros-am...*), é suspenso de seu uso normal e de seu caráter denotativo e, desse modo, torna possível a constituição e a inteligibilidade do conjunto "nome feminino da primeira declinação", do qual é ao mesmo tempo membro e paradigma. Aqui, é essencial a suspensão da referência e do uso normal. Se, para explicar a regra que define a classe dos performativos, o linguista profere o exemplo "eu juro", está claro que esse sintagma não deve ser entendido como o proferimento de um juramento real. Para poder servir de exemplo, o sintagma deve ter sua função normal suspensa; entretanto, é exatamente por meio desse não funcionamento e dessa suspensão que ele pode mostrar como o sintagma funciona, pode permitir a formulação da regra. Agora, se nos perguntamos se a regra se aplica ao exemplo, a resposta não é fácil: de fato, o exemplo é excluído da regra, não por não integrar o caso normal, mas, ao contrário, por exibir seu pertencimento a ele. Nesse sentido, o exemplo é o inverso simétrico da exceção: enquanto esta é incluída mediante sua exclusão, o exemplo é excluído mediante a exibição da sua inclusão. Mas, dessa forma, ele, segundo o significado etimológico do termo grego, mostra junto a si (*para-déknymi*) a própria inteligibilidade, bem como a da classe que constitui.

12. Em Platão, o paradigma tem seu lugar na dialética que, articulando a relação entre a ordem inteligível e a sensível, possibilita o conhecimento. "A relação entre essas duas ordens pode

ser concebida de duas formas: como uma relação de semelhança (entre cópia e modelo) ou como uma relação de proporção"[29]. De acordo com Goldschmidt, a cada uma dessas concepções corresponde um procedimento dialético específico: à primeira, a reminiscência (que Platão define no *Mênon* e no *Teeteto*); à segunda, o paradigma, que é tratado sobretudo no *Sofista* e no *Político*. Prosseguindo nas análises de Goldschmidt, trata-se agora de compreender o sentido e a função específica do paradigma na dialética. Todo o árduo tratado do método dialético no livro VI da *República*[30] torna-se transparente se é entendido como uma exposição do método paradigmático. Na produção da ciência, Platão distingue aqui dois estágios ou momentos, representados como dois segmentos contínuos numa linha reta. O primeiro, que define o procedimento "da geometria, do cálculo e daqueles que praticam as ciências desse gênero", funda suas pesquisas em hipóteses, isto é, pressupondo (esse é o sentido do termo grego *hypóthesis*, de *hypotíthemi*, "coloco abaixo como base") alguns dados que são tratados como princípios conhecidos, cuja evidência não precisa ser explicada. O segundo, ao contrário, que é exatamente o da dialética,

> trata as hipóteses não como princípios [*archái*], mas propriamente como hipóteses, ou seja, como degraus e impulsos, para chegar ao não pressuposto [*anypótheton*] na direção do princípio

[29] Victor Goldschmidt, *Le Paradigme dans la dialectique platonicienne*, cit., p. 84.

[30] Platão, *República*, livro VI, 509 d-511 e.

> de tudo e, uma vez atingido este, descer novamente até o final, mantendo-se ligado às coisas que estão ligadas a este, sem absolutamente se servir do sensível, mas das próprias ideias através das ideias na direção das ideias e acabando nas ideias.[31]

O que significa tratar as hipóteses (os pressupostos) como hipóteses e não como princípios? O que é uma hipótese não pressuposta, mas exposta como tal? Se lembrarmos que a cognoscibilidade do paradigma nunca é pressuposta, mas que, ao contrário, sua contribuição específica consiste em suspender e desativar sua datidade empírica para exibir apenas uma inteligibilidade, então tratar as hipóteses como hipóteses significará tratá-las como paradigmas.

Aqui encontra sua solução a aporia, observada tanto por Aristóteles como pelos modernos, segundo a qual em Platão a ideia é paradigma do sensível e o sensível paradigma das ideias. A ideia não é outro ente pressuposto ao sensível nem coincide com este: é o sensível considerado como paradigma, ou seja, no meio de sua inteligibilidade. Por isso, Platão pode afirmar que, assim como as técnicas, a dialética também parte de hipóteses (*ex hypothéseōs ioúsa*[32]), mas que, diferentemente delas, toma as hipóteses como hipóteses e não como princípios, isto é, as usa como paradigmas. O não-hipotético, que a dialética acessa,

---

[31] Ibidem, 511 b, 2-c, I.

[32] Ibidem, 510 b, 9.

é aberto acima de tudo pelo uso paradigmático do sensível. É nesse sentido que deve ser entendido o trecho seguinte, no qual o método dialético é definido pelo "retirar as hipóteses" ("somente o método dialético, retirando as hipóteses [*tas hypothéseis anairoúsa*], atinge o próprio princípio"[33]). *Anairéō*, tal como seu correspondente latino *tollere* (e o alemão *aufheben*, que Hegel, inspirando-se neles, colocava no centro da sua dialética), significa tanto "tomar, assumir" quanto "retirar, eliminar"; o que serve de paradigma é, como vimos, subtraído do seu uso normal e, ao mesmo tempo, exposto como tal. O não--hipotético é o que se abre no ponto em que se "retiram" – ou seja, se assumem e se eliminam a um só tempo – as hipóteses. A inteligibilidade, em que a dialética se move em sua "descida ao fim", é a inteligibilidade paradigmática do sensível.

13. O círculo hermenêutico, que define o procedimento cognoscitivo das ciências humanas, só adquire seu sentido próprio na perspectiva do método paradigmático. Antes de Schleiermacher, Friedrich Ast já observara que, nas ciências filológicas, o conhecimento do fenômeno individual pressupõe o conhecimento do conjunto e, vice-versa, o conhecimento do conjunto pressupõe o dos fenômenos individuais. Ao fundamentar esse círculo hermenêutico na pré-compreensão

---

[33] Ibidem, livro VII, 533 c, 6.

como estrutura antecipadora existencial do *Dasein*, em *Sein und Zeit* [*Ser e tempo*], Heidegger tirou as ciências humanas dessa dificuldade, garantindo aliás o caráter "mais original" do conhecimento delas. Desde então, o mote segundo o qual "o importante não está em sair do círculo, mas em entrar nele de forma correta"[34] tornou-se a fórmula mágica que permitia ao pesquisador transformar em virtuoso o círculo vicioso.

A garantia era, contudo, menos tranquilizadora do que parecia à primeira vista. Se a atividade do intérprete sempre é precedida por uma pré-compreensão que lhe escapa, o que significa "entrar no círculo de forma correta"? Heidegger sugeriu que se trata de nunca deixarmos nos impor (*vorgeben*) a pré-compreensão "pela circunstância e pela opinião comum", mas de "elaborá-la a partir das próprias coisas"[35]. Mas isso só pode significar – e o círculo parece assim se tornar ainda mais "vicioso" – que o pesquisador deve ser capaz de reconhecer nos fenômenos a assinatura de uma pré-compreensão que depende da própria estrutura existencial deles.

A aporia é resolvida se se considerar que o círculo hermenêutico é, na realidade, um círculo paradigmático. Não há aqui, como em Ast e Schleiermacher, uma dualidade entre

[34] Martin Heidegger, *Sein und Zeit* (Tübingen, Niemeyer, 1972, 1. ed., 1927), p. 153 [ed. bras.: *Ser e tempo*, trad. Fausto Castilho, 10. ed., Petrópolis, Vozes, 2015].

[35] Idem.

"fenômeno individual" e "conjunto": o conjunto só é fruto da exposição paradigmática dos casos individuais. E não há aqui, como em Heidegger, circularidade entre um "antes" e um "depois", pré-compreensão e interpretação: no paradigma, a inteligibilidade não precede o fenômeno, mas está, por assim dizer, "ao seu lado" (*pará*). Segundo a definição aristotélica, o gesto paradigmático não vai do particular ao todo e do todo ao particular, mas do individual ao individual. O fenômeno, exposto no meio de sua cognoscibilidade, mostra o conjunto do qual é paradigma. E isso, em relação aos fenômenos, não é um pressuposto (uma "hipótese"): como "princípio não pressuposto", não está nem no passado nem no presente, mas na constelação exemplar deles.

14. Entre 1924 e 1929, Warburg trabalha no seu "atlas por imagens", que devia se chamar *Mnemosyne*. Como se sabe, trata-se de um conjunto de pranchas, sobre cada uma das quais está grampeada uma série heterogênea de imagens (reproduções de obras de arte ou de manuscritos, fotografias recortadas de jornais ou feitas por ele mesmo etc.) que geralmente se referiam a um tema único, que ele definia *Pathosformel*. Consideremos a prancha 46, em que está a questão *Pathosformel* "Ninfa", a figura feminina em movimento, no afresco de Ghirlandaio da Capela Tornabuoni, à qual

Warburg familiarmente se referia com o apelido de *Fraulein Schnellbring*, "senhorita Leva-rápido". A prancha é constituída por 27 imagens; cada uma delas se relaciona, de algum modo, com o tema que dá nome ao conjunto. Além do afresco de Ghirlandaio, é possível reconhecer um relevo romano em marfim, uma sibila da catedral de Sessa Aurunca, algumas miniaturas de um manuscrito florentino do século XVI, um detalhe de um afresco de Botticelli, o tondo com a Madonna e o nascimento de João Batista de Filippo Lippi, a fotografia de uma camponesa de Settignano tirada pelo próprio Warburg e assim por diante. Como devemos ler essa prancha? Qual é a relação que mantém juntas as imagens individuais? Em outras palavras, onde está a ninfa?

Um modo com certeza errado de ler a prancha seria o de ver nela algo como um repertório iconográfico, que versa sobre a origem e a história do tema iconográfico "figura feminina em movimento". Seria preciso, portanto, dispor as imagens individuais, na medida do possível, em ordem cronológica, seguindo a provável relação genética que, ligando-as umas às outras, ao final poderia permitir chegar ao arquétipo, à "fórmula de *pathos*" da qual todas derivam. Basta uma leitura um pouco mais atenta da prancha para perceber que nenhuma das imagens é a original, assim como nenhuma das imagens é simplesmente cópia ou repetição. Do mesmo modo que, na composição "por fórmulas" que Milman Parry reconhecera na base dos poemas homéricos e, mais em geral, de toda composição oral, é impossível distinguir entre criação e *performance*, entre original e execução, as *Pathosformeln* warburguianas também são híbridos de arqueologia e fenômeno, de primeiridade* e repetição. Cada fotografia é o original, cada imagem constitui a *archē*, sendo, nesse sentido, "arcaica"; porém a própria ninfa não é nem arcaica nem contemporânea, é um indecidível de diacronia e sincronia, unicidade e multiplicidade. Mas isso significa que a ninfa é o paradigma, cujos exemplares são as ninfas individuais, ou que, mais precisamente, segundo a ambiguidade constitutiva da dialética platônica, a ninfa é o paradigma das imagens individuais e as imagens individuais são os paradigmas da ninfa.

A ninfa é, então, um *Urphänomen*, um "fenômeno original", no sentido de Goethe. Esse termo técnico essencial das pesquisas goethianas sobre a natureza, da *Farbenlehre* [Teoria das cores] à *Metamorphose der Pflanzen* [Metamorfose das plantas], que jamais é definido com clareza pelo autor, só se torna inteligível se – desenvolvendo a sugestão de Elizabeth Rotten, que remetia a origem a Platão – é compreendido em sentido decididamente paradigmático. Goethe contrapõe várias vezes seu método àquele que procede por "casos

* No original *primavoltità*, termo que designa os acontecimentos que se apresentam apenas uma vez na vida de um indivíduo, com a sensação do inédito. (N. T.)

particulares e rubricas gerais, opiniões e hipóteses"[36]. Assim, no ensaio *Der Versuch als Vermittler von Objekt und Subjekt* [O experimento como mediador do objeto e do sujeito], ele propõe um modelo de "experiência de espécie superior", em que a unificação dos fenômenos individuais não acontece "de modo hipotético e de forma sistemática"[37], mas cada fenômeno "se mantém em relação com inúmeros outros, conforme dizemos de um ponto luminoso livremente oscilante, que ele manda seus raios para todas as direções"[38]. Como deve ser entendida essa relação singular entre os fenômenos é dito poucas linhas adiante, numa passagem em que se afirma a natureza paradigmática do procedimento para além de qualquer dúvida: "Uma experiência similar, que consiste de muitas outras, é evidentemente de uma espécie superior. Ela representa a fórmula na qual encontram expressão inúmeros exemplos individuais"[39]. "Cada existente", enfatiza outro fragmento, "é o *analogon* de cada existente; por isso, a existência nos aparece, ao mesmo tempo, sempre separada e também conexa. Se exagerarmos a analogia, tudo se torna

---

[36] Wolfgang Goethe, *Naturwissenschaftliche Schriften*, em Ernst Beutler (org.), *Gedenkausgabe der Werke, Briefe und Gesprdche*, XVI-XVII (Zurique, Artemis, 1949--1952), v. II, p. 691 [ed. bras.: *Ensaios científicos: uma metodologia para o estudo da natureza*, trad. Jacira Cardoso, São Paulo, Ad Verbum Editorial/Barany, 2012].

[37] Ibidem, v. I, p. 852.

[38] Ibidem, p. 851-2.

[39] Ibidem, p. 852.

idêntico; se a evitarmos, tudo se divide ao infinito"[40]. Nesse sentido, o *Urphänomen* como paradigma é o lugar em que a analogia vive em perfeito equilíbrio para além da oposição de generalidade e particularidade. Por isso, sobre o "fenômeno puro" Goethe escreve que "nunca pode ser isolado, mas se mostra numa série contínua de aparições"[41]; e nas *Maximen und Reflexionen* [Máximas e reflexões] compendia sua natureza numa definição que poderia valer igualmente para o paradigma: "O fenômeno originário: ideal sendo o último cognoscível / real enquanto conhecido / simbólico porque abraça todos os casos: / idêntico em todos os casos"[42]. Apesar de nunca transpassar para a generalidade de uma hipótese ou de uma lei, o *Urphänomen* é, todavia, cognoscível: aliás, ele é, no fenômeno individual, o último elemento cognoscível, a sua capacidade de se constituir em paradigma. Por isso, um célebre *dictum* goethiano afirma que não é necessário buscar para além dos fenômenos: sendo paradigmas, "eles são a doutrina".

15. Tentemos, a esta altura, fixar em forma de tese alguns traços que, segundo nossa análise, definem o paradigma:

---

[40] Ibidem, v. II, p. 706.

[41] Ibidem, p. 871.

[42] Ibidem, p. 693.

1) O paradigma é uma forma de conhecimento que não é nem indutivo, nem dedutivo, mas analógico, que se move da singularidade para a singularidade.

2) Neutralizando a dicotomia entre o geral e o particular, ele substitui a lógica dicotômica por um modelo analógico bipolar.

3) O caso paradigmático se torna tal suspendendo e, ao mesmo tempo, expondo seu pertencimento ao conjunto, de forma que nunca é possível separar nele exemplaridade e singularidade.

4) O conjunto paradigmático nunca é pressuposto aos paradigmas, mas permanece imanente a eles.

5) Não há, no paradigma, uma origem ou uma *arché*: cada fenômeno é a origem, cada imagem é arcaica.

6) A historicidade do paradigma não está nem na diacronia, nem na sincronia, mas num cruzamento entre elas.

Acredito que, a esta altura, esteja claro o que significa, tanto no meu caso como no de Foucault, trabalhar por meio de paradigmas. O *homo sacer* e o campo de concentração, o *Muselmann* e o estado de exceção – como, mais recentemente, a *oikonomía* trinitária ou as aclamações – não são hipóteses pelas quais eu pretendia explicar a modernidade, reconduzindo-a a algo como uma causa ou uma origem histórica. Pelo contrário, como a própria multiplicidade delas poderia ter deixado entender, tratava-se sempre de paradigmas, cujo escopo era tornar inteligível uma série de fenômenos, cujo parentesco poderia escapar ou passar despercebido ao olhar do historiador. Certamente, tanto as minhas pesquisas como as de Foucault são de caráter arqueológico e os fenômenos com os quais elas lidam se desenvolvem no tempo, implicando, portanto, uma atenção aos documentos e à diacronia que não pode deixar de obedecer às leis da filologia histórica; mas a *archḗ* que elas alcançam – e isso vale, talvez, para qualquer pesquisa histórica – não é uma origem pressuposta no tempo, mas, situando-se no cruzamento entre diacronia e sincronia, torna inteligível o presente do pesquisador não menos que o passado de seu objeto. Nesse sentido, a arqueologia é sempre uma paradigmatologia, e a capacidade de reconhecer e articular paradigmas define o nível do pesquisador tanto quanto sua habilidade de examinar os documentos de um arquivo. Em última análise, do paradigma depende a possibilidade de produzir no interior do arquivo cronológico, em si inerte, aqueles *plans de clivage* (como são chamados pelos epistemólogos franceses) que são os únicos que permitem torná-lo legível.

Se nos perguntamos, enfim, se a paradigmaticidade reside nas coisas ou na mente do pesquisador, minha resposta é que a pergunta não faz sentido. A inteligibilidade, que está em questão no paradigma, tem caráter ontológico, não se refere à relação cognitiva entre um sujeito e um objeto, mas ao ser. Há uma ontologia paradigmática. E não conheço melhor definição que a contida num poema de Wallace Stevens, intitulado "Description without place" [Descrição sem lugar]:

It is possible that to seem – it is to be,
As the sun is something seeming and it is.

The sun is an example. What it seems
It is and is such seeming all things are.

[É possível que parecer – seja ser,
Como o sol é algo parecendo e é.

O sol é um exemplo. O que ele parece
É e é como parecendo todas as coisas são.]

2. Teoria das assinaturas

1. O livro IX do tratado *De natura rerum*, de Paracelso, intitula-se *De signatura rerum naturalium*. A ideia de que todas as coisas trazem um signo, que manifesta e revela suas qualidades invisíveis, é o núcleo original da *episteme* paracelsiana. "Nada é sem signo" (*nichts ist on ein Zeichen*), ele escreve em *Von den naturlichen Dingen* [O livro da natureza], "pois a natureza não deixa sair de si nada em que ela não tenha assinado o que neste se encontra"[1]. "Não há nada de exterior que não seja anúncio do interior", recita o *Liber de podagricis*, e através dos signos o homem pode conhecer o que em cada coisa foi assinado[2]. E, nesse sentido, se "todas as coisas, ervas, sementes, pedras, raízes, descerram o que nelas existe em suas qualidades, formas e figuras [*Gestalt*]", se "todas passam a ser conhecidas por

---

[1] Paracelso, *Bücher und Schriften* (org. Johannes Huser, Basilea, Waldkirch, 6 v., reimpressão anastática, Hildesheim/Nova York, Olms, 1859), v. III, 7, p. 131.

[2] Ibidem, v. II, 4, p. 259.

meio de seu *signatum*", então "*signatura* é a ciência mediante a qual tudo o que está escondido é encontrado, e sem essa arte não se pode fazer nada de profundo"[3]. Entretanto, como todo saber, essa ciência é uma consequência do pecado, uma vez que Adão, no Éden, era absolutamente "não assinado" (*unbezeichnet*) e assim teria permanecido se não tivesse "caído na natureza", que não "deixa nada de não assinado".

É a partir desses pressupostos que o *De signatura rerum naturalium* pode entrar desde logo no mérito do problema e questionar a natureza e o número dos "assinadores". Aqui *signatura* já não é o nome de uma ciência, mas o próprio ato e efeito do assinar: "Se neste livro trata-se de filosofar *de signatura rerum*, então, antes de mais nada, será útil e conveniente especificar de onde derivam os *signata*, quem é seu *signator* e quantos eles são"[4]. Segundo Paracelso, são três os assinadores: o homem, o arqueu (*Archeus*) e as estrelas (*Astra*). Os sinais dos astros, que tornam possíveis as profecias e os presságios, manifestam "a força e a virtude sobrenatural" (*ubernatürliche Krafft und Tugend*) das coisas: deles tratam as ciências divinatórias como a geomancia, a quiromancia, a fisiognomonia, a hidromancia, a piromancia, a necromancia e a astronomia. Os monstros, assim como os hermafroditas e os andróginos, de que trata a

3 Ibidem, v. III, 7, p. 133.

4 Ibidem, v. III, 6, p. 329.

divinação, são apenas uma marca impressa pelos ascendentes celestes; e, segundo Paracelso, não apenas os astros no céu, mas também "as estrelas no homem", que "a cada instante, junto com suas fantasias e imaginações, surgem e se põem em seu espírito como aquelas no firmamento superior"[5], podem deixar sua marca no corpo, como acontece com as mulheres grávidas, cuja *Fantasey* desenha na carne do feto seus *Monstrosische Zeichen*[6].

Da mesma forma, a fisiognomonia e a quiromancia ensinam a decifrar nas marcas que os astros imprimiram no rosto e nos membros dos homens ou nas linhas de suas mãos o segredo do "homem interior". A relação entre as estrelas e os homens não é, todavia, de sujeição unilateral:

> o homem sábio pode governar e dominar [*Regieren und Meystern*] a estrela, e não vice-versa; a estrela lhe é submetida e tem de segui-lo, e não ele à estrela. Um homem bestial, ao contrário, é governado e dominado pela estrela a ponto de ter de segui-la como o ladrão segue a forca, o assassino a roda, o pescador o peixe, o passarinheiro o pássaro e o caçador a caça. A causa disso é o fato de ele não conhecer a si mesmo e não saber usar as forças nele escondidas; ele não sabe que é um mundo pequeno e desconhece a estrela que nele existe, porque todo o firmamento está dentro dele com todas as suas forças.[7]

---

[5] Ibidem, p. 333.

[6] Ibidem, p. 332.

[7] Ibidem, p. 334.

A relação expressa pela assinatura não é, pois, uma relação causal, mas algo mais complicado, que retroage no assinador e que é preciso, portanto, entender.

2. Antes de passar à análise das assinaturas impressas pelo Arqueu nas coisas naturais, Paracelso lembra da existência de uma *Kunst Signata* que constitui, por assim dizer, o paradigma de toda assinatura. Essa assinatura originária é a língua, por meio da qual o "primeiro *signator*", Adão, impôs às coisas, em hebraico, seus "nomes certos" (*die rechten Nammen*[8]). A *Kunst Signata*

> ensina a dar os nomes certos a todas as coisas. Nosso pai Adão conhecia perfeitamente essa arte e logo após a criação deu a cada ser seu nome particular, a cada animal seu nome, a cada árvore, a cada erva um nome diferente, a cada raiz, a cada pedra, a cada mineral, a cada metal e a cada líquido [...] e quando ele batizava e dava seu nome a cada coisa, isso agradava a Deus, porque acontecia por uma justa razão [*aus dem rechten Grund*], não por seu arbítrio, mas de acordo com uma arte preestabelecida, isto é, a arte *signata*, da qual Adão foi o primeiro *signator*.[9]

A cada nome que saía da boca de Adão em hebraico correspondiam a natureza e a virtude específica do animal nomeado:

---

[8] Ibidem, v. III, 6, p. 356.

[9] Idem.

> E tão logo ele diz: "este é um porco, um cavalo, uma vaca, um urso, um cão, uma raposa, uma ovelha e semelhantes", o nome mostra o porco como um animal triste e sujo; o cavalo como um animal forte e impetuoso; a vaca como um animal comilão e insaciável; o urso, um animal forte e invencível; a raposa, um animal pérfido e astuto; o cão, um animal infiel à sua espécie; a ovelha, um animal ingênuo e útil, incapaz de provocar danos.[10]

Costuma-se entender a relação entre a assinatura e o assinado como uma relação de semelhança, como a que, como veremos, intercorre entre as manchas com forma de ocelos na corola da eufrásia e os olhos que ela tem o poder de curar. O fato de o arquétipo da assinatura, a *Kunst Signata*, ser por excelência a língua obriga a entender essa semelhança não como algo físico, mas sim segundo um módulo analógico e imaterial. A língua, que guarda o arquivo das semelhanças imateriais, também é o cofre das assinaturas.

3. O núcleo sistemático que determinou o sucesso da medicina paracelsiana na época renascentista e barroca considera as assinaturas como cifras do poder terapêutico das plantas. Conforme escrevia Henry More, quase um século após a morte de Paracelso, elas são "os hieróglifos naturais" mediante os quais Deus nos revela as virtudes medicamentosas escondidas

---

[10] Idem.

no mundo vegetal. Sob esse aspecto, a ausência delas no *De signatura rerum* é muito mais surpreendente. O lugar delas como exemplificação da assinatura do Arqueu é ocupado pelos chifres do veado e da vaca, que em suas ramificações mostram a idade ou o número dos bezerros paridos, ou pelos nós do cordão umbilical de um recém-nascido, que revelam quantos filhos a mãe ainda pode ter. No entanto, as obras médicas de Paracelso oferecem uma rica exemplificação a respeito. O *satyrion* "é formado como as vergonhas do homem" e essa assinatura mostra que ele pode restituir ao homem "sua virilidade perdida e a luxúria"[11]. A eufrásia, que apresenta uma mancha em forma de olho, revela dessa maneira sua capacidade de curar as doenças da vista[12]. Se a planta denominada *Specula pennarum* cura o seio das mulheres, isso ocorre porque sua forma lembra a das mamas. As sementes de romã e os pinhões, que têm forma de dentes, aliviam as dores destes. Outras vezes a semelhança é metafórica: o cardo cheio de espinhos acalmará as dores agudas e pungentes; a *syderica*, em cujas folhas se vê a imagem de uma cobra, é um antídoto contra qualquer espécie de envenenamento.

Vamos refletir sobre a estrutura particular que, nesse caso, também define a assinatura. Na eufrásia, a relação de assinatura

---

[11] Ibidem, v. IV, 9, p. 584.

[12] Ibidem, v. I, 2, p. 234.

não se dá, como poderia parecer, entre a virtude terapêutica oculta e a mancha em forma de olho na corola, mas diretamente entre a eufrásia e os olhos. "Por que a eufrásia cura os olhos? Porque tem em si a *anatomiam oculorum*"; ela "tem em si a forma e a imagem dos olhos, portanto torna-se toda olho"[13]. A assinatura coloca a planta em relação com o olho, deslocando-a nele, e somente desse modo revela sua virtude oculta. A relação não é entre um *signans* e um *signatum*, um significante e um significado, mas envolve pelo menos quatro termos (a figura na planta – que Paracelso frequentemente chama de *signatum* –, a parte do corpo humano, a virtude terapêutica e a doença), aos quais cabe acrescentar um quinto, o *signator*. A assinatura, que na teoria dos signos deveria aparecer como um significante, já desliza sempre para a posição de significado, de tal forma que *signum* e *signatum* trocam de papel e parecem entrar numa zona de indecidibilidade. Numa passagem do *Paragranum*, esse movimento se expressa na relação que leva um metal – o ferro – a identificar-se com um planeta (Marte), que deveria ser seu *signator*: "o que é, portanto, *ferrum*? Nada mais que *mars*. O que é *mars*? Nada mais que *ferrum*. Isso significa que ambos são *ferrum* ou *mars* [...]; quem conhece *mars* conhece *ferrum* e quem conhece *ferrum* sabe o que é *mars*"[14].

---

[13] Ibidem, v. II, 4, p. 316.

[14] Ibidem, v. I, 2, p. 110.

4. Deixamos para o fim a argumentação que no *De signatura rerum* ocupa o primeiro lugar, isto é, a das assinaturas cujo *signatur* é o homem. A exemplificação dada por Paracelso a esse respeito talvez seja o capítulo mais surpreendente na história do conceito de assinatura, ainda que por séculos, antes de conhecer uma provisória ressurreição no pensamento de Foucault e de Melandri, tenha permanecido uma espécie de caminho abandonado da episteme paracelsiana. Para poder compreender corretamente as assinaturas naturais e sobrenaturais, escreve Paracelso, é preciso compreender, antes de mais nada, todas aquelas cujo *signator* é o homem. O primeiro exemplo é o "pequeno trapo amarelo" (*ein Gelbs Flecklin*) que os judeus colocam no casaco ou na capa: "O que é isso senão um signo que faz com que qualquer um o reconheça como judeu?"[15]. Parecido com este – a aproximação não é irônica – é o signo com que se tornam reconhecíveis "capangas ou esbirros" (*Scherg oder Büttel*). E, assim como os mensageiros trazem na capa uma insígnia que, ao qualificá-los como mensageiros, também mostra de onde eles vêm, quem os manda e como é preciso tratá-los, os soldados no campo de batalha também trazem, da mesma forma, faixas e signos coloridos para serem reconhecidos por amigos e inimigos ("pode-se assim dizer: este é imperial, este é real, este é francês, e assim por diante"[16]).

---

[15] Ibidem, v. III, 2, p. 239.

[16] Ibidem, p. 330.

Certamente é mais interessante outro grupo de exemplos, em que o paradigma da assinatura adquire uma complicação ulterior. Trata-se, antes de tudo, das "marcas ou signos" (*Markt und Zeichen*) com que o artesão assinala seus trabalhos, "para que qualquer um possa reconhecer quem fez a obra". Aqui a assinatura mostra sua provável conexão etimológica com o ato de *firmar* um documento, evidente naquelas línguas, como o francês e o inglês, em que *firma* é denominada justamente *signature** (*signaturae*, no direito canônico, eram os rescritos concedidos pelo papa por meio da simples aposição da assinatura no documento). Mas *signare* em latim também significa "cunhar", e outro exemplo em que Paracelso se detém é o dos signos que indicam o valor das moedas: "Sabemos assim que cada moeda tem um molde e um signo particular, a partir dos quais é possível reconhecer o valor que foi cunhado"[17]. Quanto ao selo impresso numa carta, ele serve menos para identificar o remetente do que representar sua "força" (*Krafft*): "o selo é a confirmação e convalidação da carta, para que se lhe possa dar fé segundo o direito, e sem o selo a carta é inútil, morta e sem valor"[18]. Assinaturas do homem *signator* também são as letras do alfabeto, "com um pequeno número das quais podem ser

---

* Além do português, evidentemente, que usa tanto *assinar* quanto *firmar*. O raciocínio de Agamben diz respeito à língua italiana que só conhece a forma *firmare*. (N. T.)

[17] Idem.

[18] Ibidem, v. III, 2, p. 330.

assinadas, com palavras e nomes, muitas coisas, como acontece com os livros que são assinados de cor com uma única palavra ou com um nome, de tal forma que seu conteúdo seja logo conhecido"[19]. Ou as letras inscritas nos rótulos que, nas farmácias ou nos laboratórios dos alquimistas, permitem reconhecer "*liquores*, *olea*, *pulveres*, sementes, pomadas [...] *spiritus*, *phlegma*, álcalis"[20]; ou também os números nos quartos ou moradas dos homens que assinalam a idade e o ano de construção.

5. Tentemos desenvolver e analisar a estrutura singular das assinaturas humanas. Consideremos a assinatura (*firma* ou monograma) com que o artesão (ou o artista) marca sua obra. O que acontece quando, ao observar um quadro na sala de um museu, notamos que numa cartela colocada na parte inferior lê-se a escrita *Titianus fecit*? Hoje estamos tão acostumados a procurar e receber esse tipo de informação que não prestamos atenção à operação nem um pouco banal implícita na assinatura. Vamos supor que o quadro represente uma anunciação que pode ser vista, ela mesma, como um signo ou uma imagem, que remete a uma tradição religiosa e a um tema iconográfico que, nesse caso, nos são familiares (mas que poderiam não ser): o que a assinatura *Titianus fecit* acrescenta ao signo

[19] Ibidem, p. 331.

[20] Idem.

"anunciação" que temos diante dos olhos? Ela nada nos diz a respeito de seu significado teológico ou da maneira como o tema iconográfico foi tratado, nada que concerne à propriedade da coisa em sua materialidade de objeto. A assinatura limita-se a pôr em relação o quadro com o nome de um homem, que sabemos ser um famoso pintor, que viveu em Veneza no século XVI (em outros casos, poderia tratar-se de um nome sobre cujo portador não sabemos nada ou quase nada). Se ela faltasse, o quadro permaneceria absolutamente igual em sua materialidade e qualidade. Contudo, em nossa cultura, a relação introduzida pela assinatura é tão importante (em outras, poderia não sê-lo e a obra viveria no mais completo anonimato) que a leitura da cartela muda radicalmente nossa maneira de olhar o quadro em questão. Além disso, quando se trata de uma obra que entra nos termos cronológicos dos direitos autorais, a assinatura implica a produção das consequências jurídicas que dependem desses termos.

Consideremos agora o exemplo da assinatura impressa na moeda, que determina seu valor. Também nesse caso, ela não tem nenhuma relação substancial com o pequeno objeto metálico de forma circular que seguramos nas mãos, não lhe acrescenta nenhuma propriedade real. E todavia, também dessa vez, ela muda de forma decisiva nossa relação com esse objeto e sua função na sociedade. Assim como, no caso do quadro de Ticiano, a assinatura, sem sequer alterá-lo em sua materialidade, o inscrevia no complexo reticulado das relações de "autoridade", ela transforma agora um pedaço de metal em moeda, produzindo-o como dinheiro.

E o que dizer das letras do alfabeto, que, segundo Paracelso, ao se combinarem em nomes, permitem designar os livros? Verossimilmente, não se trata aqui dos nomes como expressão da *Kunst Signata* que permitiu a Adão dar nome às criaturas. Deve tratar-se, antes, de um uso da linguagem não constituído por frases, mas sim por paradigmas, siglas e títulos convencionais, como aquele que Foucault devia ter em mente quando, para definir seus enunciados, escrevia que A, Z, E, R, T é, num manual de datilografia, o enunciado da ordem alfabética adotada pelos teclados franceses.

Em todos esses casos, a assinatura não expressa simplesmente uma relação semiótica entre um *signans* e um *signatum*. Ela é, antes, o que, insistindo nessa relação, mas sem coincidir com ela, a move e desloca para outro âmbito, inserindo-a numa nova rede de relações pragmáticas e hermenêuticas. Nesse sentido, também o pedaço de tecido amarelo na capa do judeu, ou a marca colorida trazida pelo policial ou pelo mensageiro, não são simplesmente significantes neutros que remetem aos significados "judeu", "policial", "mensageiro": transferindo essa relação para a esfera pragmático-política, eles expressam, antes, o comportamento que é preciso manter com respeito ao judeu, ao policial e ao mensageiro (e aquilo que se espera deles). Do mesmo modo, a assinatura em forma de olho na folha da eufrásia não é um signo que significa "olho": na mancha em forma de olho (que é, em si, um signo que remete ao olho), ela mostra que aquela planta age como remédio eficaz para as doenças da vista.

6. Já no título, o *De signatura rerum*, de Jakob Böhme, remete a Paracelso, do qual retoma temas e motivos, a partir daquele sobre a língua adâmica. A teoria das assinaturas, entretanto, conhece aqui um desenvolvimento ulterior, que evidencia a inadequação do conceito de signo para dar conta do problema. Antes de mais nada, aqui a assinatura já não é apenas o que, pondo em relação âmbitos diferentes, manifesta a virtude oculta das coisas; ela é, antes, o operador decisivo de todo conhecimento, o que torna inteligível o mundo, que é, em si, mudo e sem razão:

> Tudo o que é dito, escrito e ensinado sobre Deus, sem o conhecimento da assinatura [*Signatur*], é mudo e sem razão, pois provém apenas da vaidade da história, de outra boca, em que o espírito sem conhecimento permanece mudo. Mas se o espírito lhe descerra a assinatura, então ele compreende a outra boca, e compreende ainda como o espírito se revelou, pela voz, no som, a partir da essência e por meio de um *Principium*.[21]

[21] Jakob Böhme, *Sämtliche Werke* (org. Will-Erich Peukert, Stuttgart, Frommann, 1955), v. VI, 14, p. 4.

Em Böhme, o processo de revelação, que tem seu paradigma na língua, desde o início implica uma complicação do modelo semiótico. O signo (que ele chama de *Bezeichnung*) em si é inerte e mudo e, para operar o conhecimento, precisa ser animado e qualificado numa assinatura (para descrever esse processo, ele recorre ao verbo *inqualiren*, um dos termos técnicos fundamentais de seu pensamento):

> Para que seja possível compreender-se na palavra, em que o espírito, pelo bem ou pelo mal, se criou, este avança com o mesmo signo [*Bezeichnung*] na figura [*Gestaltnis*] que se encontra em outro homem e desperta, também no outro, uma tal forma na *assinatura*, de modo que ambas as figuras *qualificam-se e atribuem-se realidade mutuamente* [*miteinander inqualiren*] numa forma que assim se torna conceito, vontade, espírito e razão.[22]

A passagem seguinte, em que os signos são comparados a um alaúde que permanece silencioso até o mestre o pegar nas mãos e o tocar, é ainda mais clara:

> A assinatura está na essência e se parece com um alaúde que permanece silencioso, e é mudo e incompreendido, mas se alguém o tocar, então, entende-se [...], como também o signo [*Bezeichnung*] da natureza é, em sua figura, um ser mudo [...]. No espírito humano, a *assinatura* está artificiosamente predisposta de

[22] Ibidem, v. VI, 14, p. 4.

> acordo com a essência de cada ser, e só falta ao homem o mestre capaz de tocar seu instrumento.[23]

Não obstante as hesitações terminológicas, é evidente que a assinatura não coincide aqui com o signo, mas é o que o torna inteligível: o instrumento foi predisposto e assinado no momento da criação, mas produz conhecimento só num momento ulterior, que é aquele de seu revelar-se na assinatura, em que "a interioridade revela-se no som da palavra, pois é este o conhecimento natural que o espírito tem de si próprio"[24]. Com um termo que remete a uma tradição que é simultaneamente teológica e mágica, Böhme define "caráter" (*Character*) esse momento ativo em que a significação transpassa para a "revelação" (*Offenbarung*):

> Todo o mundo externo visível com todas as suas criaturas é um signo [*Bezeichnung*] ou uma figura [*Figur*] do mundo interior espiritual; tudo o que está no interior, no momento em que age e se torna real [*in der Wirkung ist*], recebe então seu *caráter* externo.[25]

Para Böhme, o paradigma desta "linguagem natural" (*Natursprache*) das assinaturas não é a *Kunst Signata* de Paracelso, mas sim a cristologia:

---

[23] Idem.

[24] Ibidem, v. VI, 14, p. 5.

[25] Ibidem, v. VI, 14, p. 96.

> O verbo de Deus é o fundamento de todos os seres, o início de todas as suas qualidades; e o Verbo é a palavra [*das Sprechen*] de Deus e permanece em Deus, mas o proferimento [*Aussprechen*], enquanto saída do Verbo – pois a vontade sem fundamento por meio do proferimento acaba na divisão –, é a natureza e a qualidade.[26]

As aporias da teoria da assinatura repetem as da Trindade: assim como Deus pôde conceber e formar todas as coisas só por meio do Verbo, que é, ao mesmo tempo, modelo e instrumento eficaz da criação, a assinatura é o que, permanecendo neles, torna efetivos e falantes os signos mudos da criação.

7. Antes de sair da ciência ocidental, no final do século XVIII, a teoria das assinaturas exerceu uma influência decisiva na ciência e na magia da era renascentista e barroca, acabando por envolver também aspectos não marginais da obra de Kepler e Leibniz. Contudo, a teoria das assinaturas não tem seu *locus* apenas nas ciências médicas e na magia. Ela conhecera sua elaboração mais significativa em âmbito teológico, na teoria dos sacramentos.

A tradição hermenêutica medieval atribui a Agostinho a inscrição dos sacramentos na esfera dos signos, isto é, a primeira tentativa de construir a doutrina dos sacramentos como uma "semiologia sagrada". Embora possamos encontrar em Agostinho

---

[26] Ibidem, v. VI, 15, p. 137.

tanto a definição corrente do sacramento como *sacrum signum* (*Sacrificium visibile invisibilis sacrificii sacramentum, id est sacrum signum*[27]) quanto a ideia, enunciada de forma igualmente superficial, de um *character* indelével impresso pelo sacramento em quem o recebe, é certo, todavia, que a construção de uma verdadeira teoria do sacramento como signo só começa seis séculos depois, com Berengário de Tours, e atinge seu ápice na *Summa theologica* de Tomás. Aliás, na passagem do *De civitate Dei*, citada logo acima, o termo *sacramentum* não se refere aos sacramentos no sentido técnico, mas sim, no sentido mais geral, a todas "as obras que se realizam em nós para nos unirem a Deus", em oposição aos sacrifícios de imolação celebrados pelos judeus, de acordo com o relato bíblico. Antes de Agostinho, no tratado de Ambrósio sobre os sacramentos, o termo *spiritale signaculum* designa apenas um momento do processo batismal, que então se apresenta como um exorcismo ou um rito de iniciação. E é significativo que, nos textos em que Agostinho desenvolve sua teoria dos signos, tão importante para a teologia e a filosofia medieval, ele nunca mencione os sacramentos.

Costuma-se descrever o processo que leva à formação da teoria escolástica dos sacramentos como a convergência ou a alternância de três doutrinas: a do sacramento-mistério (que teria seu paradigma em Isidoro), a do sacramento-medicamento (ainda

[27] Agostinho, *De Civitate Dei*, X, 5.

presente em Hugo de São Vítor e na *Summa contra gentiles* de Tomás) e a do sacramento-signo (que proporcionará a forma canônica definitiva da doutrina escolástica dos sacramentos). Uma análise mais atenta mostra que os três elementos continuam presentes em todos os estágios da elaboração da teoria, como testemunho de uma origem compósita que a investigação histórica ainda não esclareceu e que a teoria do sacramento-signo nunca consegue levar completamente a termo.

Essa insuficiência do modelo semiótico para explicar o sacramento aparece justamente no momento de defrontar-se com o problema, decisivo em todos os sentidos, da teoria: o da eficácia do signo. No diálogo sobre os sacramentos de Hugo de São Vítor, essa eficácia – juntamente com a semelhança em relação à coisa significada – funda a diferença e, praticamente, o excesso do sacramento em relação ao signo:

> D. Qual é a diferença entre signo e sacramento? M. O signo significa por meio de uma instituição [*ex institutione*], o sacramento também representa por meio de uma semelhança [*ex similitudine*]. Ademais, o signo pode significar a coisa, mas não conferi-la [*conferre*]. No sacramento, ao contrário, não há apenas a significação, mas também a eficácia, de tal forma que ele, a um só tempo, significa por meio da instituição, representa por meio da semelhança e confere por meio da santificação.[28]

[28] Hugo de São Vítor, *De sacramentis christianae fidei*, P.L., CLXXVI, 35 A.

O autor anônimo da *Summa sententiarum* reitera sem reservas essa irredutibilidade do sacramento ao signo:

> [O sacramento] não é apenas o signo de uma coisa sagrada, mas também é eficácia. E é essa a diferença entre signo e sacramento: o fato de, para existir um signo, ser suficiente que ele signifique aquilo de que oferece um signo, sem a necessidade de conferi-lo. O sacramento, ao contrário, não só significa, como também confere aquilo de que é signo ou significação. Ademais, há diferenças, pois o signo existe unicamente para a significação, mesmo carecendo de semelhança, como acontece, por exemplo, no círculo que nas insígnias das tabernas significa o vinho [*circulus vini*], enquanto o sacramento não apenas significa por meio da instituição, como também representa por meio da semelhança.[29]

8. No tratado sobre os sacramentos da *Summa theologica*, habitualmente considerado o momento em que Tomás adere plenamente ao paradigma do sacramento-signo, essa inadequação da teoria do signo para dar conta plenamente da eficácia do sacramento aparece a propósito dos efeitos do sacramento, que são a graça e o caráter. Para explicar como um signo pode ser também causa da graça, Tomás é obrigado a fazer uma

[29] *Summa sententiarum*, citado em Hugo de São Vítor, *De sacramentis christianae fidei*, cit., 117 B.

distinção entre uma "causa principal", que produz seus efeitos em virtude de sua forma (como o fogo que aquece em virtude de seu calor), e uma "causa instrumental", que não age em virtude de sua forma, mas somente pelo movimento que um princípio agente imprime nela (como o machado é causa da cama apenas pela ação do artesão). Enquanto a causa principal não pode ser signo do seu efeito, a causa instrumental

> pode ser definida como signo de um efeito oculto, por ela não ser apenas causa, mas também um efeito movido pelo agente principal. Por isso, os sacramentos da nova Lei são tanto causa quanto signo, razão pela qual comumente se diz que eles "efetivam o que figuram" [*efficiunt quod figurant*].[30]

Mas isso significa que, como efeito da ação de um agente principal que é o próprio Cristo, o sacramento, como causa instrumental, não age simplesmente *ex institutione*, como faz um signo, mas precisa sempre de um princípio ativo que o anime. Por isso, é necessário que o ministro, o qual representa Cristo como agente principal, tenha a intenção (se não atual, pelo menos habitual) de cumprir a ação sacramental:

> A ablução com a água, que ocorre no batismo, pode ter como escopo a limpeza do corpo, sua saúde, a brincadeira ou qualquer outro objetivo desse tipo. Portanto, é preciso, por meio da intenção de quem lava, que ela seja destinada ao efeito sacramental.

[30] Santo Tomás de Aquino, *Summa theologica*, p. III, q. 62, art. I, sol. I.

> Essa intenção exprime-se nas palavras pronunciadas no sacramento: "Eu te batizo em nome do Pai etc.".[31]

Ainda que essa intenção não seja algo subjetivo, que dependa das disposições boas ou más do ministro (*ex opere operantis*), mas sim uma realidade objetiva, que se produz *ex opere operatum*, é inegável que o signo é aqui sempre o lugar de uma operação que atua sua eficácia.

Em outras palavras, o sacramento não funciona como um signo que, uma vez instituído, significa sempre seu significado, mas como uma assinatura cujo efeito depende de um *signator* ou, de qualquer forma, de um princípio – virtude oculta em Paracelso, virtude instrumental em Tomás – que a cada vez o anima e o torna efetivo.

9. A proximidade com a esfera da assinatura é ainda mais evidente naquele efeito específico do sacramento que, no caso do batismo, da confirmação e da ordem (que, diferentemente dos outros sacramentos, podem ser dispensados uma única vez), traz o nome de "caráter" (*character*). Agostinho elabora uma teoria a respeito disso no âmbito da polêmica com os donatistas, em particular no pequeno tratado *Contra epistolam Parmeniani*. Os donatistas negavam a validade do batismo (e da ordem)

---

[31] Ibidem, q. 64, art. 8, concl.

caso o sacramento fosse conferido por (ou a) um herético ou um cismático. A questão é importante, pois, para Agostinho, trata-se de afirmar a validade do sacramento não apenas independentemente da situação dos sujeitos que o recebem ou o administram, como também prescindindo da graça que ele comunica por meio do Espírito. Segundo os donatistas, de fato, o sacramento dos heréticos não podia produzir a comunicação da graça espiritual que constitui seu efeito, uma vez que, segundo a tradição patrística, eles são excluídos da participação do Espírito Santo. Contra essa tese, Agostinho alega a possibilidade de um *baptisma sine spiritu*, isto é, de um batismo que imprime na alma um *character* ou uma *nota*, sem conferir a graça correspondente. É provável que as razões de uma tese tão extrema tenham caráter eclesial e devam ser procuradas na vontade de assegurar a identidade do cristão e do sacerdote para além de qualquer mérito ou indignidade pessoal. Em todo caso, o estatuto de um "caráter" parecido é tão paradoxal que Agostinho tem de multiplicar os paradigmas que o tornem compreensível. Ele recorre primeiramente ao exemplo de alguém que cunhou uma moeda de ouro e de prata com o *signum regale*, mas o fez ilicitamente, sem a autorização do soberano: se descoberto, ele certamente será punido, mas a moeda permanecerá válida e será incluída no tesouro público (*thesauris regalibus congeretur*[32]). O segundo exemplo é o de um soldado que, como era habitual

[32] Agostinho, *Contra epistolam Parmeniani*, P. L., XLIII, 71.

no exército romano, foi marcado em seu corpo pelo *character militiae* e se eximiu do combate, por covardia. Se ele implorar a clemência do imperador e for perdoado, não será preciso marcá-lo com um novo *character*[33]. Pergunta Agostinho: "É possível que os *sacramenta christiana* possam aderir menos do que essa marca corpórea [*corporalis nota*]?"[34]. Com base nisso, consciente das aporias implícitas nessa ideia, ele chega, com uma argumentação dubitativa, à conclusão inevitável de um "batismo sem espírito":

> Se o batismo não pode subsistir sem o Espírito, então os heréticos também terão o Espírito, mas em detrimento deles e não para sua salvação, como aconteceu com Saul [...]. Mas se, ao contrário, os avarentos não têm o Espírito de Deus, tendo todavia o batismo, o batismo, então, pode subsistir sem o Espírito.[35]

Em suma, a ideia de um "caráter sacramental" indelével nasce para explicar a sobrevivência de um sacramento nas condições que deveriam torná-lo nulo ou ineficaz. Se a comunicação do Espírito é impossível, o caráter expressará o excesso do sacramento sobre seu efeito, algo como um suplemento de eficácia sem outro conteúdo além do puro fato de estar marcado. Se o cristão ou o sacerdote perderam todas as

---

33 Idem.

34 Idem.

35 Idem.

qualidades que os definem, se não só cometeram toda infâmia concebível, como também renegaram sua fé, eles mantêm, contudo, o *character* da cristandade e do sacerdócio. Ou seja, o caráter é uma assinatura zero, que expressa o evento de um signo sem significado e funda nesse evento uma pura identidade sem conteúdo.

10. A ideia de um "caráter sacramental" ter uma origem tão aporética não podia passar despercebida dos escolásticos, que, alguns séculos depois, elaboraram a teoria a esse respeito. Por conseguinte, eles se preocuparam em dar um conteúdo à assinatura agostiniana, defendendo que ela comunica à alma um *habitus* (essa é a tese de Alexandre de Hales) ou uma potência. Esta última é a posição de Tomás, o qual afirma que o caráter, mesmo sem comunicar a graça, confere, contudo, à alma uma "potência ordenada à participação ao culto divino"[36].

Entretanto, as dificuldades não são eliminadas. Tomás também precisa recorrer ao paradigma militar de Agostinho, escrevendo que, assim como, na Antiguidade,

> os soldados alistados na milícia, enquanto incumbidos de um serviço corpóreo, eram assinados [*insigniri*] em seu corpo com um caráter, da mesma forma os homens que pelos sacramentos

[36] Santo Tomás de Aquino, *Summa theologica*, p. III, q. 63, art. 2, concl.

> são incumbidos de um serviço espiritual, que se refere ao culto divino, são assinados com um caráter espiritual.[37]

Ele argumenta que o caráter é um signo indelével impresso na alma por aquele signo sensível que é o sacramento: "O caráter impresso na alma funciona como um signo [*habet rationem signi*], uma vez que se conhece que alguém foi assinado pelo caráter batismal, enquanto lavado pela água sensível"[38]. Isto é, no caso do batismo, o signo sensível que é o sacramento, além de produzir o efeito que é a graça, também produz outro signo, que tem natureza espiritual e não pode ser apagado.

Reflitamos sobre a natureza paradoxal dessa assinatura especial (*quaedam signatio*[39]) que define o caráter. Signo produzido por um signo, o caráter excede a natureza relacional que é própria do signo:

> A relação que está implícita no termo "signo" deve fundamentar-se em algo. Mas a relação própria daquele signo, que é o caráter, não pode estar fundamentada de imediato na essência da alma, caso contrário ela conviria por natureza a toda alma. Deve-se, logo, pôr na alma algo que fundamente tal relação. E essa é justamente a essência do caráter, que não pertence, portanto, ao gênero da relação.[40]

---

[37] Ibidem, art. I, concl.

[38] Idem.

[39] Ibidem, art. I, *sed contra*.

[40] Ibidem, art. 2, sol. 3.

O caráter é, portanto, um signo que excede o signo e uma relação que excede e fundamenta toda relação. Ele é, naquele signo eficaz que é o sacramento, o que marca o excesso irredutível da eficácia sobre a significação. Por isso, "ele pode se dizer signo somente em relação ao sacramento sensível que o imprimiu. Considerado em si, ele não tem função de signo, mas sim de princípio"[41].

O paradoxo da teoria sacramental, que a assemelha à teoria das assinaturas (que dela verossimilmente se origina, mesmo que seja lícito supor uma origem mágica comum para ambas), é o de levar a nos deparar com algo que é inseparável do signo, mas que, todavia, não se deixa reduzir a ele; um "caráter" ou uma "assinatura" que, insistindo num signo, o torna eficaz e capaz de ação.

O sentido do caráter é, nos dois casos, puramente pragmático. Assim como o dinheiro "é assinado por um caráter" (*charactere ... insignitur*) para poder ser trocado[42] e o soldado recebe seu caráter para poder combater[43] (é possível encontrar os dois exemplos também em Paracelso), o fiel é assinado pelo caráter para poder realizar os atos do culto (*ad recipiendum vel tradendum aliis ea quae pertinent ad cultum Dei*[44]).

---

[41] Ibidem, p. III, q. 63, art. 2, sol. 4.

[42] Ibidem, art. 3, concl.

[43] Idem.

[44] Idem.

11. Um século antes de Agostinho, a ideia de uma eficácia das práticas e dos signos sagrados, independentemente da condição e da colaboração dos sujeitos neles implicados, fora sugerida numa obra comumente considerada a primeira fundação filosófica da magia e da teurgia: o *De mysteriis* de Jâmblico.

> Sem que nós compreendamos, os próprios signos [*synthémata*] realizam por eles mesmos sua própria obra, e a potência inefável dos deuses, a que eles remetem, reconhece por ela mesma suas próprias imagens [*oikéias eikónas*], sem necessidade de ser guiada pelo nosso conhecimento [...]. O que desperta a vontade divina são os próprios signos divinos [*theía synthémata*] [...]. Exponho-te essas coisas para que não acredites que todo o poder da operação [*enérgeias*], que está na teurgia, provenha de nós, nem que penses que sua verdadeira obra [*alethês ... érgon*] se realize graças às nossas concepções dispostas segundo verdades, ou fracasse em função do nosso erro.[45]

Traduzindo o *De mysteriis* para o latim, juntamente com tratados mágicos gregos e com o *Corpus hermeticum*, Marsílio Ficino estava tão convencido da proximidade entre esses textos e a tradição cristã que alterou parcialmente a passagem em questão, relacionando-a com a doutrina da eficácia dos sacramentos. Assim, além de antepor ao parágrafo o título (ausente no original) *De virtute sacramentorum*, traduz a expressão

---

[45] Jâmblico, *Les Mystères d'Egypte* (org. Édouard Des Places, Paris, Les Belles Lettres, 1966), p. 96-8.

theía synthémata, "signos divinos", por *sacramenta divina*. E, na conclusão da passagem, acrescenta algumas linhas que se referem inequivocamente ao sacramento cristão:

> Quando, ao longo do sacrifício, há símbolos e *synthemata*, isto é, signos e sacramentos [*signacula et sacramenta*], o sacerdote usa coisas materiais, em cuja ordem realiza o decoro externo; mas é Deus quem imprime ao sacramento sua força eficaz.[46]

Tanto a doutrina teológica do caráter sacramental quanto a doutrina médica das assinaturas devem sua origem, muito provavelmente, a uma tradição mágico-teúrgica desse tipo. Entre os textos traduzidos por Ficino, há um breve tratado, *De sacrificio et magia*, atribuído a Proclo, em que as noções fundamentais que examinamos até agora estão claramente presentes. Novamente encontramos aqui não apenas a ideia, que já nos é familiar, das assinaturas visíveis nas coisas ("A pedra que se chama 'olho do céu' ou 'olho do sol' contém uma figura parecida com a pupila de um olho, e do meio deste emana um raio"[47]), mas também a da semelhança eficaz como fundamento dos influxos mágicos ("Os antigos, tendo conhecido essas coisas [...] através da semelhança transferiram as virtudes divinas para o mundo inferior; a semelhança,

[46] Idem, *Iamblichus de mysteriis Aegyptiorum, Chaldaeorum, Assyriorum ... Proclus de sacrificio, et magia ... Marsilio Ficino florentino interprete* (Venetiis, in aedibus Aldi, 1516), p. 7.

[47] Ibidem, p. 35.

de fato, é a causa suficiente que permite ligar as coisas individuais uma à outra"[48]).

12. A proximidade entre sacramentos e magia evidencia-se na prática do batismo das imagens e dos talismãs, da qual somos informados por uma consulta de João XXII, de 1320. O batismo ritual das imagens mágicas, destinado a aumentar sua eficácia, devia ser tão difundido naqueles anos que suscitou a preocupação do pontífice e o induziu a submeter a dez teólogos e canonistas o seguinte quesito:

> Aqueles que batizam com água e conforme o rito da Igreja as imagens ou qualquer outro objeto desprovido de razão, com o objetivo de realizar um malefício, cometem um delito de heresia, devendo, portanto, ser considerados heréticos, ou devem, ao contrário, ser julgados apenas como autores de um sortilégio? E como, em um e outro caso, devem ser punidos? E o que é preciso fazer com aqueles que receberam tais imagens, sabendo que haviam sido batizadas? E com aqueles que não sabiam que as imagens haviam sido batizadas, mas, conhecendo seu poder, as receberam para tal fim?[49]

O papa, que era um canonista experiente, compreendera que aqui o problema jurídico tocava num ponto doutrinal

---

[48] Idem.

[49] Alain Boureau, *Le Pape et les sorciers. Une consultation de Jean XXII sur la magie en 1320 (manuscrit B. A. V. Borghese 348)* (Roma, École Française de Rome, 2004), p. IX.

essencial, que questionava a própria natureza do sacramento. Como a eficácia sacramental depende imediatamente do *signum* e do *character*, e não das finalidades e condições dos sujeitos, quem confere o batismo às imagens questiona a essência do sacramento, praticando, portanto, um delito de heresia e não de simples sortilégio. Em outras palavras, é a proximidade entre eficácia sacramental e eficácia mágica que torna necessária a intervenção do teólogo junto à do canonista.

Isso fica evidente no responso mais longo e articulado do franciscano Henrique de Carretto, bispo de Lucca. Contra aqueles que afirmavam que não podia se tratar de um *factum hereticale*, porque o objetivo mágico no sacramento é acidental em relação à fé, ele defende, ao contrário, que o batismo é uma consagração, que acrescenta algo à coisa consagrada, de acordo com a forma ou de acordo com o signo. O batismo das imagens com fins mágicos, então, não apenas introduz uma finalidade exterior em relação ao sacramento, mas é "uma forma de consagração [*quedam consecratio*] e de deputação ao malefício, por meio da qual a coisa é afetada pelo ato ou deve acreditar ser afetada por tal consagração"[50]. Henrique acredita, em suma, na realidade do malefício operado mediante o batismo das imagens. Se a operação mágica for realizada numa imagem não consagrada, ainda que o operante acredite no poder

[50] Ibidem, p. 15.

do demônio e para tal fim traspasse a imagem (*ad hoc pungit ymaginem ut diabolôs pungat maleficiatum*), haveria sortilégio e não heresia[51]. Mas, se a imagem foi batizada segundo o rito (*modo divino*), "da consagração da imagem produz-se uma imagem diabólica"[52], na qual o demônio insinua efetivamente sua potência. O paralelismo entre a eficácia da imagem batizada e a do sacramento consiste precisamente no fato de ambas agirem por meio de um signo. O demônio, com efeito, não está presente na imagem como "um princípio de movimento" (*sicut motor in mobili*[53]), mas como "um assinado no signo" (*ut signatum in signo*[54]). Assim como acontece no sacramento, na imagem mágica, o demônio, através do sacerdote, "institui eficazmente na imagem uma relação de signo para com o malefício"[55]. E, como no sacramento, seja qual for a crença do operante, "o simples fato da consagração contém a crença e, logo, efetiva uma espécie de heresia [*factum hereticale*]"[56]. Operação mágica e operação sacramental correspondem-se ponto a ponto e o rubricamento do delito, no caso específico da heresia, só faz registrar essa proximidade.

---

51 Ibidem, p. 29.

52 Ibidem, p. 28.

53 Ibidem, p. 27.

54 Idem.

55 Idem.

56 Idem.

13. Um lugar privilegiado das assinaturas é a astrologia. E é na astrologia que a tradição mágico-médica de que tratamos afunda suas raízes. Consideremos, no tratado árabe traduzido para o latim com o título de *Picatrix* ou no *Introductorium majus*, de Abu Ma 'shar, as imagens ou as figuras daqueles decanos que fascinaram a tal ponto Aby Warburg, ao se deparar com sua reprodução suntuosa nos afrescos de Schifanoia, que ele não descansou enquanto não descobriu sua genealogia. No tocante ao primeiro decano do Áries, é possível ler na *Introductorium*: "Nesse decano, ergue-se um homem preto de olhos vermelhos, de estatura elevada, de muita coragem e altos sentimentos. Ele usa uma ampla vestimenta branca, amarrada na cintura por um cordão; ele está irado, permanece firme, guarda e observa"[57]. Sabe-se que na figura sombria desse *vir niger*, na representação que dele ofereceu Francesco del Cossa na faixa mediana do mês de março, no salão do Palácio Schifanoia, Warburg viu uma espécie de "companheiro secreto" de sua vida e algo como um código de seu destino. Em *Picatrix*, não apenas os decanos, mas também os planetas têm uma "figura" (*forma*) desse tipo.

[57] Aby Warburg, "Italienische Kunst und internationale Astrologie im Palazzo Schifanoia zu Ferrara", em VV.AA., *L'Italia e l'arte straniera* (Anais do X Congresso internazionale di storia dell'arte, Roma, Maglione & Strini, 1922), p. 256-7 [ed. it.: "Arte italiana e astrologia internazionale nel Palazzo Schifanoia di Ferrara, em Aby Warburg, *La rinascita del paganesimo antico. Contributi alla storia della cultura raccolti da Gertrud Bing*, Florença, La Nuova Italia, 1966; ed. bras.: "Arte italiana e astrologia internacional no Palazzo Schifanoia em Ferrara", em *Histórias de fantasma para gente grande: escritos, esboços e conferências*, org. Leopoldo Waizbort, trad. Lenin Bicudo Bárbara. São Paulo, Companhia das Letras, 2015].

Assim, se o primeiro decano do Áries é descrito aqui como "um homem de olhos vermelhos e com uma grande barba, envolto num pano de linho branco, que faz gestos imponentes enquanto caminha, amarrado por uma corda na branca capa que o cobre, de pé num pé só"[58], a *forma Saturni*, segundo *Picatrix*, é a de um "homem que tem rosto corvino e pés de camelo, sentado numa cadeira, segurando na mão direita uma haste e na esquerda uma lança ou uma flecha"[59].

Qual o sentido dessas figuras enigmáticas, que as ilustrações dos manuscritos registram pontualmente? Elas não se referem de forma alguma, como as constelações, à figura que os astros parecem desenhar no céu, nem descrevem alguma propriedade dos signos do zodíaco a que se referem. Sua função só se esclarece quando são situadas no contexto técnico da confecção dos talismãs, que *Picatrix* chama de *ymagines*. Independentemente da matéria de que são feitas, as *ymagines* não são signos nem reproduções de alguma coisa: elas são operações pelas quais as forças dos corpos celestes são coletadas e concentradas num ponto para influenciar os corpos terrestres (*ymago nihil aliud est quam vis corporum celestium in corporibus influencium*[60]). Nessa função, a forma ou figura do planeta é definida

[58] David Pingree (org.), *Picatrix. The Latin Version of the Gayat al-hakim* (Londres, The Warburg Institute-University of London, 1986), p. 33.

[59] Ibidem, p. 51.

[60] Idem.

como *significator* ou *signator*, ou também como "raiz" (*radix*) da *ymago*, que coleta e orienta as virtudes dos astros. Nesse sentido, as raízes são elas próprias operações para a eficácia das imagens (*iste radices erunt opus celi pro effectibus ymaginum*[61]).

Tanto a figura na *ymago* quanto a forma do planeta ou do decano encontram seu sentido nessa operação eficaz: elas são ambas assinaturas, pelas quais se realiza o influxo dos astros (*istae linae significant radios quos stellae proiciunt in mundo ut in centro: et hoc est opus et virtus ymaginum, et hoc modo operantur*[62]). Conhecer as assinaturas celestes é a ciência do mago, no sentido de que confeccionar uma *ymago* significa imaginar e reproduzir de modo simpatético numa assinatura (que também pode ser um gesto ou uma fórmula) a assinatura do planeta em questão.

Isso é ainda mais verdadeiro nos assim chamados "signos" do zodíaco e nas próprias constelações. Não se trata exatamente de signos (seriam signos de quê?), mas de assinaturas que expressam uma relação de semelhança eficaz entre a constelação e os nascidos sob o signo, ou, mais em geral, entre o macrocosmo e o microcosmo. E não apenas não se trata de signos, como tampouco de algo que já foi escrito. No céu, antes, segundo a profunda imagem de Hofmannsthal, os homens aprenderam,

---

[61] Ibidem, p. 8-9.

[62] Ibidem, p. 8.

talvez pela primeira vez, a "ler o que nunca foi escrito". Mas isso significa que a assinatura é o lugar onde o gesto de ler e o de escrever invertem sua relação e entram numa zona de indecidibilidade. A leitura torna-se aqui escrita e a escrita resolve-se integralmente em leitura: "A imagem chama-se imagem porque nela as forças dos espíritos estão conjuntas: a operação da imaginação [*cogitatio*] está incluída na coisa em que está contida a virtude do planeta"[63].

14. Essas considerações podem fornecer a chave para compreender o que está em questão no enigmático *Bilderatlas Mnemosyne*, a cuja realização Warburg dedicou os últimos anos de sua vida. E, ao mesmo tempo, para entender de forma mais apropriada o conceito de *Pathosformel*. As imagens (na realidade, fotografias propositalmente reveladas e impressas no laboratório fotográfico do Warburghaus) que compõem cada uma das 79 pranchas do atlas não devem ser vistas (como nos livros comuns de arte) como as reproduções das obras ou dos objetos que nelas foram fotografadas e às quais, portanto, em última análise, temos de nos referir. Ao contrário, elas valem *por si*: elas são as *ymagines*, no sentido de *Picatrix*, em que foi fixada a assinatura dos objetos que parecem reproduzir. Ou seja, as *Pathosformeln* não se

---

[63] Ibidem, p. 111.

encontram nas obras de arte nem na mente do artista ou do historiador, mas coincidem com as imagens que o atlas registra pontualmente. Assim como a *Introductorium majus* ou o tratado *Picatrix* oferecem ao mago que folhear suas páginas o catálogo das *formae* e das assinaturas dos decanos e dos planetas, que lhe permitirão confeccionar seus talismãs, também *Mnemosyne* é o atlas das assinaturas que o artista – ou o estudioso – precisa aprender a conhecer e manusear se quiser compreender e realizar a operação arriscada que está em questão na tradição da memória histórica do Ocidente. Por isso, Warburg, a partir de uma terminologia paracientífica, que na verdade está mais próxima daquela da magia do que a da ciência, pode se referir às *Pathosformeln* como a "dinamogramas desconectados" (*abgeschnürte Dynamogramme*), que readquirem a cada vez sua eficácia no encontro com o artista (ou com o estudioso). Malgrado as incertezas de uma terminologia certamente influenciada pela psicologia de sua época, de Vischer a Semon, as *Pathosformeln*, os "engramas" e os *Bilder* que ele tenta apreender não são signos nem símbolos, mas sim assinaturas; e a "ciência sem nome" que ele não conseguiu fundar é algo como uma superação e um *Aufhebung* da magia pelo seu próprio instrumentário – nesse sentido, uma arqueologia das assinaturas.

15. Em *Les Mots et les choses*, Michel Foucault cita o tratado de Paracelso. E faz isso no momento de situar a teoria das assinaturas na episteme renascentista. Nesta, tem uma função decisiva a semelhança, que, segundo Foucault, até o final do século XVI domina não apenas a exegese e a intepretação dos textos, como também as da relação entre o homem e o universo. Contudo, um mundo regido pela densa trama das semelhanças e simpatias, das analogias e correspondências, precisa de assinaturas, de marcas que nos ensinem a reconhecê-las. "Não há semelhança sem assinatura. O mundo do semelhante só pode ser um mundo assinado"[64], e o saber das semelhanças funda-se na identificação das assinaturas e em sua decifração. Foucault percebe a curiosa e incessante duplicação que as assinaturas introduzem no sistema das semelhanças:

> Mas de que signos se trata? Como é possível reconhecer, na variedade dos aspectos do mundo e das figuras que neles se cruzam, que há um caráter no qual é preciso se deter, porque ele indica uma semelhança secreta e essencial? O que constitui o signo em seu singular valor de signo? A semelhança. Ele significa na medida em que se assemelha com o que indica [...]. E, todavia, o que ele assinala não é uma homologia, pois seu específico ser de assinatura desapareceria no semblante do que é signo. Trata-se de *outra*

---

[64] Michel Foucault, *Les Mots et les choses. Une archéologie des sciences humaines* (Paris, Gallimard, 1966), p. 40 [ed. bras.: *As palavras e as coisas: uma arqueologia das ciências humanas*, 10. ed., trad. Salma Tannus Muchail, São Paulo, Martins Fontes, 2016].

> semelhança, uma semelhança próxima, mas de um tipo diferente, que serve para reconhecer a primeira e que, por sua vez, é descoberta e identificada por uma terceira. Toda semelhança recebe uma assinatura, mas essa assinatura é apenas uma forma intermediária da própria semelhança, de maneira que o conjunto das marcas faz deslizar, no círculo das semelhanças, um segundo círculo, que duplicaria exatamente, ponto por ponto, o primeiro, a não ser por uma pequena distância [...]. A assinatura e o que ela designa têm exatamente a mesma natureza, embora obedeçam a uma lei diferente de distribuição: a articulação do real [*découpage*] é a mesma.[65]

No entanto, Foucault, assim como os autores que analisa, de Paracelso a Crollius, não define o conceito de assinatura, que para ele se resolve no de semelhança; mas em sua definição da episteme renascentista há um motivo que basta desenvolver para identificar o lugar e a função específica das assinaturas. Em determinado momento, ele faz uma distinção entre a semiologia – isto é, o conjunto dos conhecimentos que permitem reconhecer o que é um signo e o que não é – e a hermenêutica, que é o conjunto dos conhecimentos que permitem descobrir o sentido dos signos, "fazer com que eles falem"[66]. Ele sugere que o século XVI "sobrepôs semiologia e hermenêutica na forma da semelhança [...]. A natureza das coisas, sua coexistência, o elo que as une e pelo qual se comunicam,

---

[65] Ibidem, p. 43-4.

[66] Ibidem, p. 44.

não é outra coisa senão sua semelhança. E ela só aparece no reticulado dos signos que percorre o mundo de um extremo a outro"[67]. Semiologia e hermenêutica, porém, não coincidem perfeitamente através da semelhança: resta entre elas uma distância, na qual se produz o saber.

> Se a hermenêutica das semelhanças e a semiologia das assinaturas coincidissem sem oscilações, tudo seria imediatamente evidente. Mas, dado que entre as semelhanças que formam o grafismo e as que formam o discurso há uma distância [*cran*], o saber e seu infinito labor encontram aqui o espaço que lhes é próprio: terão incessantemente de sulcar essa distância, movendo-se, num ziguezaguear infinito, do semelhante ao que lhe é semelhante.[68]

Apesar de, nessa passagem, o lugar e a natureza das assinaturas continuarem problemáticos, é certo que elas encontram na diferença e na desconexão entre semiologia e hermenêutica a situação que lhes é própria. Deve-se a Enzo Melandri, num artigo de 1970 sobre *Les Mots et les choses*, uma primeira definição do conceito de assinatura nesse contexto. Partindo da não coincidência entre semiologia e hermenêutica em Foucault, ele define a assinatura como aquilo que permite a passagem de uma para outra:

> A *assinatura* é uma espécie de signo no signo; é aquele índice que, no contexto de dada semiologia, remete univocamente a

[67] Idem.

[68] Idem.

> dada interpretação. A assinatura adere ao signo ao indicar, por meio de sua feitura, o código para decifrá-lo.[69]

Se na episteme renascentista a assinatura refere-se, assim, à semelhança entre o signo e o designado, na ciência moderna ela já não é um caráter do signo individual, mas de sua relação com os outros signos. Em todo caso, "o *tipo* de episteme depende do da assinatura", e esta é "aquele caráter do signo, ou do sistema dos signos, que denuncia por meio de sua feitura a relação que mantém com o designado"[70].

16. A ideia de que a passagem entre semiologia e hermenêutica não é óbvia, que há, aliás, entre elas uma distância intransponível, é um dos resultados finais das pesquisas de Émile Benveniste. Vejamos o ensaio de 1969, *Sémiologie de la langue* [Semiologia da língua]. Aqui Benveniste faz uma distinção na linguagem entre "uma dupla significância" (*une double signifiance*), que corresponde a dois planos discretos e contrapostos: o semiótico, por um lado, e o semântico, por outro.

> O semiótico designa o modo de significância que é específico do signo linguístico e que o constitui como unidade [...]. A única pergunta que o signo suscita é a de sua existência, e esta decide-se

[69] Enzo Melandri, "Michel Foucault: l'epistemologia delle scienze umane", *Lingua e Stile*, Bolonha, il Mulino, n. 2, v. 1, 1967, p. 147.

[70] Ibidem, p. 148.

> com um sim ou com um não [...]. ele existe quando é reconhecido como significante pelo conjunto dos membros da comunidade linguística [...]. Com o semântico entramos no modo específico de significância gerado pelo discurso. Os problemas que aqui se apresentam são uma função da língua como produtora de mensagens. A mensagem não se reduz a uma sucessão de unidades a ser identificadas separadamente, não é uma adição de signos a produzir o sentido, mas é, pelo contrário, o sentido, globalmente concebido, que se realiza e se divide em signos particulares, que são as palavras. A ordem semântica identifica-se com o mundo da enunciação e com o universo do discurso. É possível mostrar que se trata de duas ordens distintas de noções e de dois universos conceptuais também mediante a diferença do critério de validade que é solicitado tanto a um quanto ao outro. O semiótico (o signo) precisa ser reconhecido; o semântico (o discurso) precisa ser compreendido.[71]

Segundo Benveniste, a tentativa de Saussure de conceber a língua unicamente como sistema de signos é insuficiente e não permite explicar como se pode passar do signo para a palavra. A semiologia da língua, a interpretação da linguagem como um sistema de signos, foi "paradoxalmente bloqueada pelo mesmo instrumento que permitiu sua criação: o signo"[72]. Conforme

---

[71] Émile Benveniste, *Problèmes de linguistique genérale* (Paris, Gallimard, 1974), v. 2, p. 64 [ed. bras.: *Problemas de linguística geral II*, trad. Eduardo Guimarães et al., Campinas, Pontes, 1989].

[72] Ibidem, p. 65-6.

Saussure intuíra nas notas publicadas após sua morte, uma vez pressuposta a língua como sistema de signos, nada permitiria explicar como esses signos se transformariam num discurso:

> conceitos diferentes estão prontos na língua (isto é, revestidos de uma forma linguística) como *boi*, *lago*, *céu*, *vermelho*, *triste*, *cinco*, *fender*, *ver*. De que forma e em virtude de qual operação, de que jogo que se estabelece entre eles, de quais condições, esses conceitos formarão o discurso? A série dessas palavras, por mais rica que seja através das ideias que evoca, nunca indicará para um indivíduo humano que outro indivíduo, ao pronunciá-las, queira significar-lhe alguma coisa.[73]

Nesse sentido, Benveniste pôde concluir com a drástica afirmação: "O mundo do signo é, na realidade, fechado. Do signo à oração não há transição, nem por sintagmação nem de alguma outra maneira. Um hiato os separa"[74]. Nos termos de Foucault e Melandri, isso equivale a dizer que da semiologia à hermenêutica não há passagem e que é precisamente no "hiato" que as separa que se situam as assinaturas. Os signos não falam se as assinaturas não os deixam falar. Mas isso quer dizer que a teoria da significação linguística precisa ser complementada por uma teoria das assinaturas. A teoria da

---

[73] Ferdinand de Saussure, "Ms. Fr. 3961", em Jean Starobinski, *Les Mots sous les mots. Les Anagrammes de Ferdinand de Saussure* (Paris, Gallimard, 1971), p. 14 [ed. bras.: "Ms. Fr. 3961", em Jean Starobinski, *As palavras sob as palavras: os anagramas de Ferdinand de Saussure*, trad. Carlos Vogt, São Paulo, Perspectiva, 1974].

[74] Émile Benveniste, *Problèmes de linguistique genérale*, cit., p. 65.

enunciação, que Benveniste desenvolve no mesmo período, pode ser considerada uma tentativa de construir uma ponte sobre aquele hiato, de tornar pensável a passagem entre o semiótico e o semântico.

17. No mesmo ano em que Benveniste publica o ensaio sobre a *Sémiologie de la langue*, Foucault publica a *Archéologie du savoir*. Embora o nome de Benveniste não figure no livro e apesar do fato de que Foucault poderia não conhecer os últimos artigos dele, um fio secreto une o manifesto da epistemologia foucaultiana às teses do linguista. A novidade incomparável da *Archéologie* é a de assumir explicitamente como objeto aquilo que Foucault chama de "enunciados". Ora, os enunciados não se reduzem simplesmente ao discurso (ao semântico), pois Foucault preocupa-se em distingui-los tanto da oração quanto da proposição (ele escreve que o enunciado é "o que resta uma vez extraída e definida a estrutura da proposição", uma espécie de elemento residual, de "material não pertinente"[75]). Mas tampouco é possível situar integralmente os enunciados no semiótico, reduzi-los a signos: "é inútil procurar o enunciado do lado dos agrupamentos unitários de signos. Nem sintagma,

[75] Michel Foucault, *L'Archéologie du savoir* (Paris, Gallimard, 1969), p. 112 [ed. bras.: *A arqueologia do saber*, trad. Luiz Felipe B. Neves, 8. ed., Rio de Janeiro, Forense Universitária, 2012].

nem regra de construção, nem forma canônica de sucessão e permutação, o enunciado é aquilo que possibilita a existência de tais conjuntos de signos e permite a essas regras e formas se atualizarem"[76].

Daí a dificuldade que Foucault encontra na tentativa de definir a "função enunciadora"; mas daí também a obstinação em reiterar a cada vez a heterogeneidade do enunciado, tanto em relação ao plano dos signos quanto ao dos objetos que eles significam:

> O enunciado não existe nem à maneira de uma língua (apesar de ser composto por signos que, em sua individualidade, só são definíveis num sistema linguístico natural ou artificial), nem à maneira dos objetos dados à percepção (apesar de estar sempre dotado de certa materialidade e ser sempre possível situá-lo segundo coordenadas espaço-temporais) [...], o enunciado não é uma unidade do mesmo tipo que a oração, a proposição ou o ato linguístico; não é definível pelos mesmos critérios, mas tampouco é algo parecido com um objeto material com seus limites e sua independência.[77]

O enunciado não é identificável como um signo ou uma estrutura que se refere a uma série de relações lógicas, gramaticais ou sintáticas; nos signos, nas orações, nas proposições, ele

[76] Ibidem, p. 116.

[77] Ibidem, p. 114.

atua, antes, no âmbito de sua simples existência, como um operador de eficácia, que permite decidir a cada vez se o ato de linguagem é efetivo, se a oração está correta, se uma função se realizou:

> O enunciado não é uma estrutura [...], é uma função de existência que pertence propriamente aos signos, a partir da qual é possível decidir, mediante a análise ou a intuição, se eles "fazem sentido", segundo quais regras se sucedem ou se sobrepõem, de qual coisa são signos e que espécie de ato é realizado por meio de sua formulação [...], ele não é uma unidade, mas uma função que atravessa um âmbito de estruturas e de unidades possíveis e as faz aparecer, com conteúdos concretos, no tempo e no espaço.[78]

Naturalmente, Foucault percebia que não era possível definir o enunciado como um estágio entre outros da análise linguística e de que a arqueologia que ele buscava de modo algum delimitava, na linguagem, um âmbito comparável ao dos saberes disciplinares. Toda a *Archéologie*, com suas hesitações e repetições, com suas interrupções e retomadas, enfim, com o reconhecimento explícito de que ela não visa à constituição de uma ciência em sentido próprio, testemunha essa dificuldade. Por estar sempre implicada em frases e proposições, por não coincidir nem com os significantes nem com os significados, mas se referindo "ao próprio fato de que eles são dados, e à

[78] Ibidem, p. 115.

maneira em que o são"[79], a função enunciativa é quase invisível neles e tem de ser reconhecida para além ou para aquém de eles designarem ou serem designados por alguma coisa. É preciso, pois, "interrogar a linguagem não na direção a que remete, mas na dimensão em que se manifesta"[80]. Para apreendê-la, cabe considerar não tanto o conjunto das regras lógicas ou gramaticais que ordenam a comunicação ou determinam a competência de um sujeito falante, mas sim deter-se um pouco nas "práticas discursivas", isto é, naquele "conjunto de regras anônimas, históricas, sempre determinadas no tempo e no espaço, que definem, numa certa época e para certo âmbito social, econômico, geográfico ou linguístico, as condições de exercício da função enunciativa"[81].

Tudo se torna mais claro quando se supõe que os enunciados ocupam, na *Archéologie*, o lugar que, em *Les Mots et les choses*, cabia às assinaturas, ou seja, quando se situam os enunciados no limiar entre a semiologia e a hermenêutica em que as assinaturas têm lugar. Nem semiótico nem semântico, ainda não discurso e não mais mero signo, os enunciados, assim como as assinaturas, não estabelecem relações semióticas nem criam novos significados, mas marcam e "caracterizam" os signos no âmbito de sua existência e, dessa forma, atuam e deslocam

[79] Ibidem, p. 145.

[80] Ibidem, p. 146.

[81] Ibidem, p. 153-4.

sua eficácia. Eles são as assinaturas que os signos recebem pelo fato de existirem e serem usados, o caráter indelével que, ao marcá-los em seu significar algo, orienta e determina em certo contexto sua interpretação e eficácia. Assim como a assinatura nas moedas, as figuras das constelações e dos decanos no céu da astrologia, a mancha em forma de olho na corola da eufrásia ou o caráter que o batismo imprime na alma do batizado, eles já decidiram, sempre pragmaticamente, o destino e a vida dos signos que nem a semiologia, nem a hermenêutica conseguem esgotar.

Em suma, a teoria das assinaturas (dos enunciados) intervém para retificar a ideia abstrata e falaciosa de que existem signos, por assim dizer, puros e não marcados, de que o *signans* significa o *signatum* de forma neutra, univocamente e de uma vez por todas. O signo significa porque traz uma assinatura, mas esta predetermina necessariamente sua interpretação e distribui seu uso e eficácia segundo regras, práticas e preceitos que devem ser reconhecidos. A arqueologia é, nesse sentido, a ciência das assinaturas.

18. Na *Archéologie*, Foucault insiste mais de uma vez no caráter puramente existencial dos enunciados. Por "não ser uma estrutura", mas "uma função de existência", o enunciado não é um objeto dotado de propriedades reais, mas uma pura

existência, o simples fato de determinado ente – a linguagem – ter lugar. O enunciado é a assinatura que marca a linguagem pelo puro fato do seu manifestar-se.

Uma tentativa de ligar a doutrina das assinaturas à ontologia foi realizada no século XVII por um filósofo inglês, Herbert de Cherbury. Ela diz respeito à interpretação daqueles predicados que os escolásticos chamavam de "transcendentes" (*trascendentia* ou *trascendentalia*), uma vez que, pelo próprio fato de existirem, enquanto predicados muito gerais, cabiam a cada ente. São eles: *res*, *verum*, *bonum*, *aliquid*, *unum*. Cada ente, pelo simples fato de existir, é algo uno, verdadeiro, bom. Por isso, os escolásticos diziam que o significado desses predicados *reciprocatur cum ente* coincide com a pura existência, e definiam a natureza deles com o sintagma *passiones entis*, isto é, os atributos que um ente "padece" ou recebe pelo próprio fato de ser.

A contribuição genial de Herbert consistiu em ler esses predicados transcendentes (ou, pelo menos, um deles) como assinaturas. Ao analisar, em *De veritate* (1633), a natureza e o sentido do transcendental *bonum*, ele o define como a assinatura que cabe a uma coisa pelo próprio fato de ser: *Bonitas ... in re est ejus signatura interior*[82]. *Bonum* é uma "paixão do ente", que marca necessariamente a coisa e se desdobra tanto em sua

[82] Herbert de Cherbury, *De veritate* (Londres, s. e., 1645; reimpressão anastática: org. Günter Gawlick, Stuttgart-Bad Cannstatt, Fromman, 1966), p. III.

aparência sensível (o "grato", o "belo") quanto no conhecimento intelectual (a intelecção como percepção da *ultima bonitatis signatura*).

Tentemos generalizar essa intuição de Herbert. Ela lança, então, nova luz sobre aquele capítulo essencial da filosofia primeira que é a doutrina dos transcendentais. O ser, em si, é a noção mais vazia e genérica, que não parece admitir outras determinações além do "nem... nem..." da teologia negativa. Se considerarmos, ao contrário, que o ser, pelo próprio fato de existir, de manifestar-se num ente, recebe ou padece marcas ou assinaturas, que orientam sua compreensão na direção de determinado âmbito e de determinada hermenêutica, a ontologia é, então, possível como "discurso" do ser, isto é, das "paixões do ser". *Quodlibet ens est unum, verum, bonum*: cada ente apresenta a assinatura da unidade (que o desloca para a matemática ou a teoria da singularidade), da verdade (que o orienta na direção da doutrina do conhecimento) e da bondade (que o torna comunicável e desejável).

Chega-se aqui à especial relevância da teoria das assinaturas para a ontologia. Não só a natureza – objetiva ou subjetiva – do genitivo no sintagma *passiones entis* não é clara, mas também o ser e suas paixões se identificam: a existência é uma disseminação transcendental em paixões, ou seja, em assinaturas. As assinaturas (assim como os enunciados em relação à língua) são, então, o que marca as coisas no âmbito de sua pura existência. O *on haploús*, o "ser puro", é o *arcisignator* que imprime suas marcas transcendentais nos existentes. O princípio kantiano segundo o qual a existência não é um predicado real revela aqui seu verdadeiro sentido: o ser não é "o conceito de algo que se possa acrescentar ao conceito de uma coisa", porque, na verdade, não é um conceito, mas sim uma assinatura. E a ontologia é, nesse sentido, não um saber determinado, mas a arqueologia de todo saber, que investiga as assinaturas que cabem aos entes pelo próprio fato de existir e os dispõem, desse modo, para a interpretação dos saberes particulares.

19. A teoria das assinaturas permite também esclarecer um dos problemas que mais extenuaram os estudiosos da cabala. Trata-se da relação entre o *Em-Sof* (Deus como ser simples e infinito) e as *sefiroth* (as dez "palavras" ou atributos em que ele se manifesta). Se Deus é o absolutamente simples, uno e infinito, como poderá admitir uma pluralidade de atributos e determinações? Se as *sefiroth* estão em Deus, ele perde sua unidade e simplicidade; já se estão fora de Deus, elas não poderão ser nada de divino. "Tu não poderás escapar dessa alternativa", insiste o filósofo no diálogo entre *O filósofo e o cabalista* do grande cabalista paduano Moshe Chaim Luzzatto:

> ou as *sefiroth* estão em Deus ou não estão [...]; como é possível pensar um divino derivado do divino? Deus significa aquele que é único e cuja existência é necessária [...]. Temos de concebê-lo, portanto, como único de uma absoluta unicidade. Como pensar, então, a multiplicidade nele, a geração e a derivação das luzes uma da outra? [...] Nós sabemos que o Santo, bendito seja, é absolutamente simples e nenhum acidente lhe pode ser atribuído.[83]

O mesmo problema está presente na teologia cristã (mas também na judaica e islâmica) como problema dos atributos de Deus. E sabe-se que, segundo Harry A. Wolfson e Leo Strauss, a história da filosofia e da teologia ocidental, de Platão a Spinoza, coincide, antes, com a história da doutrina dos atributos divinos. Contudo, como filósofos e teólogos não se cansam de repetir, essa doutrina é intrinsecamente aporética. Deus é o ser absolutamente simples, em que, assim como não é possível distinguir entre essência e existência, tampouco é possível distinguir entre essência e atributos ou entre gênero e espécie. Entretanto, se ele é o ser absolutamente perfeito, deverá de qualquer forma possuir todas as perfeições e todos os atributos na medida em que estes exprimem perfeições. Assim, o campo divide-se entre os que afirmam que os atributos existem realmente em Deus e os que de modo igualmente firme sustentam que eles só existem na mente dos homens.

---

[83] Moshe Chaim Luzzatto, *Le Philosophe et le cabaliste. Exposition d'un debut* (org. Joelle Hansel, Lagrasse, Verdier, 1991), p. 86.

As assinaturas rompem essa falsa alternativa. Os atributos (como as *sefiroth* para os cabalistas) não são nem a essência de Deus, nem algo estranho a ela: são as assinaturas que, apenas incidindo na condição absoluta e na simplicidade do ser que é somente o seu existir, o dispõem à revelação e à cognoscibilidade.

20. O conceito de assinatura sai da ciência ocidental com o Iluminismo. As duas linhas que a *Encyclopédie* dedica ao termo atestam seu irônico necrológio: *Rapport ridicule des plantes entre leur figure et leurs effets. Ce système extravagant n'a que trop régné* [Relação ridícula das plantas entre sua figura e seus efeitos. Esse sistema bizarro reinou até demais]. Tanto mais significativo é seu progressivo reaparecimento sob outros nomes a partir da segunda metade do século XIX. Uma atenta cartografia desse reaparecimento, ligado aos saberes e às técnicas mais díspares, foi traçada por um historiador italiano, Carlo Ginzburg, num ensaio que, por ser muito famoso, dispensa aqui um resumo integral de seu desenvolvimento, que vai da divinação mesopotâmica a Freud, das técnicas policiais de identificação à história da arte. Basta lembrar que Ginzburg reconstrói um paradigma epistemológico que ele, para distingui-lo do modelo da ciência de Galileu, define como "indiciário" e que diz respeito a "disciplinas eminentemente qualitativas, que têm por objeto casos, situações e

documentos individuais, *enquanto individuais*, e exatamente por isso alcançam resultados que têm uma margem ineliminável de aleatoriedade"[84].

Um caso exemplar é o de Giovanni Morelli, o qual, entre 1874 e 1876, publicou com o pseudônimo russo de Lermolieff (tratava-se, na realidade, de um anagrama, ou melhor, de uma verdadeira e autêntica "assinatura": *Morelli eff.*, isto é, *effinxit* ou *effecit*) uma série de artigos que revolucionariam as técnicas de atribuição na pintura (devemos a ele, entre outras coisas, a restituição a Giorgione da *Vênus* que, na Gemäldegalerie de Dresden, constava até então como "cópia de Sassoferrato de um original perdido de Ticiano"). A novidade do "método morelliano", que suscitou a admiração de Burckhardt e de Freud e a indignação dos especialistas, consistia no fato de ele, em vez de concentrar a atenção – como haviam feito até então os historiadores da arte – nas características estilísticas e iconográficas mais evidentes, preferir examinar detalhes insignificantes, como os lóbulos das orelhas, a forma dos dedos das mãos e dos pés e "até, *horribile dictu*, objeto tão antipático como o das unhas"[85]. Precisamente no ponto em que, na execução do detalhe secundário,

---

[84] Carlo Ginzburg, *Miti emblemi spie. Morfologia e storia* (Turim, Einaudi, 1986), p. 170 [ed. bras.: *Mitos, emblemas e sinais: morfologia e história*, trad. Federico Carotti, São Paulo, Companhia das Letras, 1989].

[85] Ibidem, p. 164.

o controle estilístico afrouxava, podiam surgir bruscamente os traços mais individuais e inconscientes do artista, "que lhe escapam sem que ele se dê conta"[86].

Na esteira de um historiador da arte, Enrico Castelnuovo, que se dedicara ao problema da atribuição, Ginzburg aproxima o método indiciário de Morelli daquele que, mais ou menos nos mesmos anos, Conan Doyle inventara para seu detetive Sherlock Holmes. "O conhecedor da arte é comparável ao detetive que descobre o autor do crime (do quadro) com base em indícios imperceptíveis para os demais"[87], e a atenção quase obsessiva de Holmes para as pegadas de um sapato na lama, para as cinzas de um cigarro no chão e para a própria curva do lóbulo de uma orelha (no conto *The Adventure of the Cardboard Box* [A caixa de papelão]) certamente lembra a do Pseudolermolieff para os detalhes insignificantes nos quadros dos mestres.

Sabe-se que os escritos de Morelli atraíram a atenção de Freud anos antes de ele começar a elaborar a psicanálise. Edgar Wind já indicara que o princípio morelliano, segundo o qual a personalidade do autor deve ser procurada lá onde o esforço é menos intenso, lembra o da psicologia moderna, para a qual são precisamente os nossos pequenos gestos inconscientes a trair o segredo do nosso caráter. Mas é o próprio Freud quem afirma

---

86 Idem.

87 Ibidem, p. 160.

sem reservas, no ensaio *Des Moses des Michelangelo* [O Moisés de Michelangelo], que o método de Morelli "tem um forte parentesco com a técnica da psicanálise médica. Ela também está acostumada a penetrar nas coisas secretas e escondidas com base em elementos pouco valorizados ou despercebidos, em detritos ou 'resíduos' da nossa observação"[88].

A natureza dos indícios na qual fundamenta-se tanto o método de Morelli quanto o de Sherlock Holmes e Freud, de Bertillon e Galton se esclarece de forma singular se a colocamos na perspectiva da teoria das assinaturas. Os detalhes que Morelli coleta do modo como são desenhados os lóbulos das orelhas ou a forma das unhas, os rastros que Holmes investiga na lama ou nas cinzas dos cigarros, os resíduos ou os lapsos em que Freud concentra sua atenção são todas assinaturas que, ultrapassando a dimensão semiótica em sentido estrito, permitem pôr eficazmente em relação uma série de detalhes com a identificação ou a caracterização de certo indivíduo ou de certo evento.

O Cabinet des Estampes da Bibliothèque Nationale de Paris conserva uma série de fotografias que reproduz os objetos e indícios colhidos pela polícia no jardim do acusado durante

[88] Sigmund Freud, "Der Moses des Michelangelo", em *Imago*, III, I, 1914 p. 311 [ed. it.: "Il Mosè di Michelangelo", em *Opere*, v. VII: *1912-1914. Totem e tabù e altri scritti*, org. Cesare L. Musatti, Turim, Boringhieri, 1975; ed. bras.: "O Moisés de Michelangelo", em *Totem e tabu, contribuição à história do movimento psicanalítico e outros textos (1912-1914)*, trad. Paulo César de Souza, São Paulo, Companhia das Letras, 2012].

o inquérito sobre os crimes de Landru (1919). Trata-se de uma série de pequenos mostruários selados, parecidos com as molduras de um quadro, em que são classificados, em ordem perfeita, alfinetes de fralda, botões, socadores de tabaco e grampos de metal, fragmentos de ossos, frascos contendo pós e outras miudezas desse tipo. Qual o sentido dessas pequenas coleções que lembram irresistivelmente os objetos oníricos dos surrealistas? As legendas que acompanham cada mostruário não deixam dúvidas: trata-se de fragmentos de objetos ou de corpos que, como indícios ou vestígios, mantêm uma relação particular com o crime. Ou seja, o indício representa o caso exemplar de uma assinatura que põe eficazmente em relação um objeto, anódino ou insignificante em si, com um evento (nesse caso, um crime, mas também, no caso de Freud, o evento traumático) e com alguns sujeitos (a vítima, o assassino, mas também o autor do quadro). O "bom Deus", que, de acordo com a célebre frase de Warburg – que Ginzburg coloca como epígrafe a seu ensaio –, está no particular, é um assinador.

21. Uma verdadeira e autêntica filosofia da assinatura encontra-se nos dois fragmentos que Walter Benjamin dedicou à faculdade mimética. Embora o termo nunca apareça, o que Benjamin chama aqui de "elemento mimético" (*das Mimetische*) ou "semelhança imaterial" remete sem dúvida à esfera

das assinaturas. A faculdade especificamente humana de perceber semelhanças, da qual ele procura reconstruir a filogênese e da qual registra no nosso tempo a decadência, coincide de fato, ponto a ponto, com a capacidade de reconhecer assinaturas que analisamos até aqui. De fato, como em Paracelso e Böhme, o âmbito da faculdade mimética não é apenas a astrologia e a correspondência entre microcosmo e macrocosmo, na qual Benjamin se detém por longo tempo, mas sobretudo a linguagem (na correspondência com Gershom Scholem, os fragmentos em questão são apresentados como "uma nova doutrina da língua"). Nessa perspectiva, a língua – e, com ela, a escrita – aparece como uma espécie de "arquivo das semelhanças e das correspondências não sensíveis"[89], em que elas fundam e articulam "as tensões entre o proferido e o entendido, mas também entre o escrito e o entendido e, ainda, entre o proferido e o escrito"[90]. A definição que Benjamin elabora a essa altura para o elemento mágico-mimético da língua coincide perfeitamente com aquela que fornecemos para a assinatura.

> Tudo aquilo que é mimético na linguagem pode, como a chama, revelar-se apenas numa espécie de portador (*Träger*). Este

---

[89] Walter Benjamin, "Über das mimetische Vermögen" (1933), em *Gesammelte Schriften* (org. Rolf Tiedemann e Hermann Schweppenhäuser, Frankfurt a. M., Suhrkamp, 1977), II, 1, p. 213 [ed. bras.: "A capacidade mimética", em A. Kostas, W. Benjamin et al., *Humanismo e comunicação de massa*, Rio de Janeiro, Tempo Brasileiro, 1970].

[90] Ibidem, p. 212.

> portador é o semiótico. Assim, o nexo significativo das palavras e das proposições é o portador, só no qual, como num lampejo, aparece a semelhança. Pois, sua produção por parte do homem – como a percepção que ele tem dela – é confiada, em muitos casos, e sobretudo nos mais importantes –, a um lampejo. Ela perpassa veloz [*Sie huscht vorbei*].[91]

Como vimos a respeito da relação entre assinaturas e signos, a semelhança imaterial em Benjamin funciona como um complemento irredutível do elemento semiótico da língua, sem o qual a passagem para o discurso resulta incompreensível. E, como para as assinaturas astrológicas em Warburg, é precisamente a inteligência desse elemento mágico-mimético da língua que permite, afinal, a superação da magia:

> Assim, a língua seria o estágio supremo do comportamento mimético e o arquivo mais perfeito das semelhanças não sensíveis: um médium para o qual migraram sem resíduos as forças mais antigas de produção e recepção mimética, até liquidar as da magia.[92]

22. Em Benjamin, sobretudo a partir do momento em que ele começa seu trabalho sobre as *passagens* parisienses, o âmbito próprio das assinaturas é a história. Aqui, elas aparecem com o nome de "índices" ("secretos", "históricos" ou "temporais")

---

[91] Ibidem, p. 213.

[92] Idem.

ou de "imagens" (*Bilder*), frequentemente qualificadas como "dialéticas". Na segunda tese, *Über den Begriff der Geschichte* [Sobre o conceito de história], podemos ler: "O passado traz consigo um índice secreto [*einen heimlichen Index*] que o remete à redenção"[93]. Como especifica o fragmento N_3, I do *Passagenwork* [Passagens]:

> O índice histórico das imagens não apenas diz que elas pertencem a determinada época, mas sobretudo que elas chegam à legibilidade só em determinada época [...]. Todo presente é determinado por aquelas imagens que lhe são síncronas: cada "hora" [*jetzt*] é a hora de determinada cognoscibilidade [...]. Não é que o passado lança sua luz sobre o presente ou que o presente lança sua luz sobre o passado, mas a imagem é aquilo em que o que foi se une, como num lampejo, ao agora numa constelação. Em outras palavras: imagem é a dialética em posição de suspensão.[94]

E a quinta tese reafirma o caráter lampejante e precário da imagem nos mesmos termos que o fragmento sobre a faculdade mimética empregara para a semelhança não sensível:

---

[93] Idem, "Über den Begriff der Geschichte" (1942), em *Gesammelte Schriften* (org. Rolf Tiedemann e Hermann Schweppenhäuser, Frankfurt a. M., Suhrkamp, 1974), I, 2, p. 693 [ed. bras.: "Sobre o conceito de história", em *O anjo da história*, trad. João Barrento, Belo Horizonte, Autêntica, 2012].

[94] Idem, *Das Passagenwerk*, em *Gesammelte Schriften* (org. Rolf Tiedemann e Hermann Schweppenhäuser, Frankfurt a. M., Suhrkamp, 1982), V, I, p. 577 [ed. bras.: *Passagens*, trad. Irene Aron e Cleonice Paes B. Mourão, Belo Horizonte, Editora UFMG, 2006].

> A verdadeira imagem do passado *perpassa veloz* [*huscht vorbei*]. O passado só pode ser agarrado como imagem, que lampeja para não mais aparecer no instante de sua cognoscibilidade.[95]

Essas célebres definições da imagem dialética tornam-se mais transparentes se as devolvemos a seu contexto próprio, que é o de uma teoria das assinaturas históricas. Sabe-se que a pesquisa de Benjamin, que nesse aspecto segue o exemplo dos surrealistas e das vanguardas, privilegia aqueles objetos que, justamente pela possibilidade de parecerem secundários e até dispensáveis (Benjamin fala dos "farrapos" da história), exibem com mais força uma espécie de assinatura ou de índice que os remete para o presente (as *passagens*, que já nos anos 1930 haviam se tornado obsolescentes e quase oníricas, são seu protótipo). Isto é, o objeto histórico nunca é dado de forma neutra, mas é sempre acompanhado por um índice ou por uma assinatura, que o constitui como imagem e determina e condiciona temporalmente sua legibilidade. O historiador não escolhe à toa ou de modo arbitrário seus documentos da massa sem fim e inerte do arquivo: ele segue o fio sutil e inaparente das assinaturas, que exigem, aqui e agora, sua leitura. E é justamente da capacidade de ler essas assinaturas, que por sua natureza são efêmeras, que depende, segundo Benjamin, o nível do pesquisador.

[95] Idem, "Über den Begriff der Geschichte", cit., p. 685.

23. Um âmbito privilegiado das assinaturas é a moda. E justamente na moda elas mostram seu caráter genuinamente histórico. Pois, a atualidade, que deve ser reconhecida a cada vez, constitui-se sempre através de uma rede incessante de referências e citações temporais, que a definem como um "não mais" ou um "de novo". Ou seja, a moda introduz uma descontinuidade peculiar no tempo, que o divide de acordo com sua atualidade ou inatualidade, seu estar ou não-estar-mais na moda. Essa cesura, ainda que sutil, é perspícua, no sentido de que aqueles que têm necessariamente de percebê-la a percebem ou não a captam, e exatamente desse modo atestam seu estar (ou não estar) na moda: mas se procurarmos objetivá-la e fixá-la no tempo cronológico, ela se revela inalcançável.

A assinatura da moda arranca, pois, os anos (os 20, 60, 80...) da cronologia linear e os dispõe numa relação especial com o gesto do estilista, que os chama a comparecer no "agora" incomputável do presente. Mas isso é, em si, inalcançável, porque vive somente na relação cairológica (e não cronológica!) com as assinaturas do passado. Por isso, o estar na moda é uma condição paradoxal, que implica necessariamente certo conforto ou uma imperceptível defasagem, em que a atualidade inclui dentro de si uma pequena parte de seu fora, um toque de *démodé*. O homem na moda, como o historiador, pode ler as assinaturas do tempo somente se não se colocar inteiramente no passado e não coincidir sem resquícios com o presente, mas mantendo-se, por assim dizer, na "constelação" delas, isto é, no lugar exato das assinaturas.

24. *Indicium* (indício) e *index* (índice) derivam do verbo latim *dico*, que originalmente significava "mostrar" (mostrar com a palavra e, logo, dizer). Linguistas e filólogos notaram há tempos o elo essencial que une a família lexical de *dico* com a esfera do direito. "Mostrar com a palavra" é a operação própria da fórmula jurídica, cujo pronunciamento realiza a condição necessária à produção de determinado efeito. O termo *dix* (que sobrevive apenas na locução *dicis causa*, "pela forma") significa assim, segundo Benveniste, "mostrar com a autoridade da palavra o que se deve fazer"[96]. *Index* é "aquele que mostra ou indica com a palavra", assim como *iudex* é "aquele que diz o direito". Pertence ao mesmo grupo o termo *vindex*, que designa aquele que, num processo, se substitui ao réu e se declara disposto a sofrer as consequências da ação penal.

Deve-se a Pierre Noailles ter esclarecido o significado desse termo. De acordo com a etimologia tradicional, ele provém de *vim dicere*, literalmente: "dizer ou mostrar a força". Mas de

[96] Émile Benveniste, *Le Vocabulaire des institutions indo-européennes* (Paris, Éditions de Minuit, 1969), v. 2, p. 109 [ed. bras.: *O vocabulário das instituições indo-europeias*, trad. Denise Bottmann, Campinas, Unicamp, 1995, 2 v.].

que "força" se trata? Noailles observa que entre os estudiosos reina a maior confusão a esse respeito.

> Eles oscilam incessantemente entre os dois sentidos possíveis da palavra: força ou violência, isto é, a força posta materialmente em ato. Na realidade, eles não escolhem, mas propõem a cada vez um ou outro significado. As *vindicationes* do *sacramentum* são apresentadas ora como manifestações de força, ora como atos de violência simbólicos ou simulados. A confusão é ainda maior no que diz respeito ao *vindex*. Não está claro, pois, se a força ou violência que ele manifesta é propriamente a sua, que coloca a serviço do direito, ou é a violência do adversário, que denuncia como contrária à justiça.[97]

Contra essa confusão, Noailles mostra que a *vis* em questão não pode ser uma força ou uma violência material, mas apenas a força do rito, isto é, uma "força que obriga, mas que não tem a necessidade de ser aplicada materialmente num ato de violência, ainda que simulada"[98]. Noailles cita a esse propósito um trecho de Aulo Gélio, em que *a vis civilis* [...] *quae verbo diceretur*, "a força civil [...] que se diz com a palavra", é oposta à *vis quae manu fieret, cum vi bellica et cruenta*. Desenvolvendo a tese de Noailles, pode-se levantar a hipótese de que a "força dita com a palavra", que está em questão na

[97] Pierre Noailles, *Fas et jus. Études de droit romain* (Paris, Les Belles Lettres, 1948), p. 57.

[98] Ibidem, p. 59.

ação do *vindex*, é a força da fórmula eficaz, como força originária do direito. Ou seja, a esfera do direito é a de uma palavra eficaz, de um "dizer" que é sempre *indicere* (proclamar, declarar solenemente), *ius dicere* (dizer o que é conforme ao direito) e *vim dicere* (dizer a palavra eficaz). Se isso for verdade, o direito é então, por excelência, a esfera das assinaturas, em que a eficácia da palavra prevalece sobre seu significado (ou o realiza). E, também, toda a linguagem mostra aqui sua pertinência originária com a esfera das assinaturas. Antes de (ou melhor, junto com seu) ser o lugar da significação, a linguagem é o lugar das assinaturas, sem as quais o signo não poderia funcionar. E os *speech acts*, em que a linguagem parece beirar a magia, são apenas a relíquia mais vistosa dessa natureza arcaica assinadorial da linguagem.

25. Qualquer pesquisa nas ciências humanas – e, em particular, em âmbito histórico – tem necessariamente a ver com as assinaturas. Aprender a reconhecê-las e a manuseá-las corretamente é muito mais urgente para o pesquisador, uma vez que, em última análise, o bom resultado de suas investigações dependerá justamente delas. Deleuze certa vez escreveu que uma pesquisa filosófica implica pelo menos dois elementos: a identificação do problema e a escolha dos conceitos adequados para abordá-lo. Cabe acrescentar que os conceitos

implicam assinaturas, sem as quais permanecem inertes e improdutivos. Aliás, pode acontecer que o que à primeira vista parece um conceito acabe se revelando uma assinatura (e vice-versa). Vimos, nesse sentido, que na filosofia primeira os transcendentais não eram conceitos, mas, antes, assinaturas e "paixões" do conceito de "ser".

Também nas ciências humanas podemos nos deparar com conceitos que são, na realidade, assinaturas. Um deles é a secularização, sobre a qual, em meados dos anos 1960, realizou-se na Alemanha um animado debate, que envolveu personalidades como Hans Blumenberg, Karl Löwith e Carl Schmitt. A discussão estava comprometida pelo fato de que nenhum dos participantes parecia se dar conta do fato de que "secularização" não era um conceito, em que estivesse em questão a "identidade estrutural"[99] entre conceitualidade teológica e conceitualidade política (essa era a tese de Schmitt) ou a descontinuidade entre teologia cristã e modernidade (que era, contra Löwith, a tese de Blumenberg), mas um operador estratégico que assinava os conceitos políticos para remetê-los à sua origem teológica. Ou seja, a secularização age no sistema conceitual da modernidade como uma assinatura, que a remete à teologia. Assim como, segundo o direito canônico, o

[99] Carl Schmitt, *Politische Theologie II. Die Legende von der Erledigung jeder politischen Theologie* (Berlim, Duncker & Humblot, 1970), p. 19 [ed. bras.: *Teologia política*, trad. Elisete Antoniuk, Belo Horizonte, Del Rey, 2006].

sacerdote reduzido ao estado secular precisava trazer o signo da ordem à qual pertencera, também o conceito de "secularizado" exibe como uma assinatura seu pertencimento passado à esfera teológica. Ou seja, a secularização é uma assinatura que, num signo ou num conceito, o marca e o ultrapassa para remetê-lo a determinada interpretação ou a determinado âmbito, sem contudo sair dele para constituir um novo conceito ou um novo significado. E é somente captando o caráter assinatorial da secularização que se pode entender a aposta – em última análise, política – no debate que, de Max Weber até hoje, não deixa de apaixonar os estudiosos.

É determinante, a cada vez, a maneira como se entende a referência operada pela assinatura. Muitas das doutrinas que dominaram o debate na filosofia e nas ciências humanas do século XX implicam, nesse sentido, uma prática mais ou menos consciente das assinaturas. Aliás, não seria errado afirmar que na base de uma parte não desprezível do pensamento do século XX é preciso supor algo como uma absolutização da assinatura, isto é, uma doutrina da primazia constitutiva da assinatura em relação à significação.

Consideremos o conceito de oposição privativa em Nikolai Trubetzkoy, que teve uma influência determinante nas ciências humanas do século XX. Este implica que o termo não marcado não se oponha ao marcado como uma ausência a uma presença, mas que a não-presença corresponda de alguma forma a um grau zero de presença (isto é, que a presença *falte* em sua ausência). No mesmo sentido, segundo Roman Jakobson, o signo ou fonema zero, mesmo não comportando nenhum caráter diferencial, tem como função específica a de se opor à simples ausência de fonema. O fundamento filosófico desses conceitos está na teoria aristotélica da "privação" (*stérēsis*), cujo coerente desenvolvimento é o conceito hegeliano de *Aufhebung*. Segundo Aristóteles[100], de fato, a privação distingue-se da simples "ausência" (*apousía*) na medida em que ainda implica uma referência à forma da qual há privação, atestada de algum modo por sua própria falta.

No final dos anos 1950, Claude Lévi-Strauss desenvolveu esses conceitos em sua teoria da excedência constitutiva do significante em relação ao significado. Segundo Lévi-Strauss, a significação está originariamente em excesso em relação aos significados que podem preenchê-la, e essa diferença se traduz na existência de significantes livres ou flutuantes, em si desprovidos de sentido. Trata-se, portanto, de não-signos, ou de signos "com valor simbólico zero, que expressam simplesmente a necessidade de um conteúdo simbólico suplementar"[101].

---

[100] Aristóteles, *Metafísica*, 1004 a, 16.

[101] Claude Lévi-Strauss, "Introduction a l'œuvre de Marcel Mauss", em Marcel Mauss, *Sociologie et anthropologie* (Paris, PUF, 1950), p. L [ed. bras.: *Introdução à obra de Marcel Mauss*, trad. Paulo Neves, São Paulo, Cosac & Naify, 2013].

Essa teoria torna-se transparente ao ser lida como uma doutrina da prioridade constitutiva da assinatura sobre o signo. Ou seja, o grau zero não é um signo, mas uma assinatura que, na ausência de um significado, continua operando como exigência de uma significação infinita que nenhum significado pode preencher.

Mais uma vez, tudo depende do modo como se entende essa primazia da assinatura sobre o signo. O sucesso efêmero da desconstrução nos últimos trinta anos do século XX é solidária com uma prática interpretativa que suspende e deixa girar em falso as assinaturas, de forma a nunca dar acesso a um evento acabado de significado. Ela é, em suma, um pensamento da assinatura como pura escrita para além de qualquer conceito, que garante nesse modo a inextinguibilidade – isto é, o adiamento indefinido – da significação. Esse é o sentido das noções de "arquitraço" e de "suplemento originário" e da insistência com que Derrida afirma o caráter não conceitual desses "indecidíveis": não se trata de conceitos, mas de arquiassinaturas ou de "assinaturas de grau zero", que se colocam já sempre como suplemento em relação a todo conceito e a toda presença. A assinatura, separada na origem e da origem em posição de suplemento, excede qualquer sentido numa incessante *différance* e apaga seu próprio rastro num puro autossignificar-se: "Acontece que o signo desse excesso é, ao mesmo tempo, absolutamente excedente em relação a qualquer possível presença-ausência [...] e que, contudo, de qualquer forma, ele ainda se significa [...]. O traço produz-se nele como seu próprio apagamento"[102]. O significar-*si* da assinatura nunca colhe a si mesmo, nunca deixa de ser sua própria insignificância, mas é deportado e diferido em seu próprio gesto. O rastro é, nesse sentido, uma assinatura suspensa e dirigida a si mesma, uma *kénōsis* que nunca conhece seu *plērōma*.

A estratégia da arqueologia foucaultiana é totalmente diferente. Ela também parte da assinatura e de seu excesso em relação à significação. Todavia, assim como nunca se dá um puro signo sem assinatura, tampouco é possível separar a assinatura em posição originária (mesmo que como suplemento). O arquivo das assinaturas que, na *Archéologie*, reúne a massa de não semântico inscrita em todo discurso significante, e está ao redor e limita os atos de palavra como uma margem obscura e insignificante, define, entretanto, também o conjunto das regras que decidem as condições de existência e de exercício dos signos, de seu fazer sentido e de seu justapor-se e suceder-se no espaço e no tempo. A arqueologia foucaultiana nunca procura a origem, nem sua ausência: como o ensaio sobre *Nietzsche, la généalogie, l'histoire* [Nietzsche, a genealogia, a história] (1971) não se cansa de repetir, fazer a genealogia do

[102] Jacques Derrida, *Marges de la philosophie* (Paris, Éditions de Minuit, 1972), p. 75-7 [ed. bras.: *Margens da filosofia*, trad Joaquim Torres Costa e António M. Magalhães, Campinas, Papirus, 1991].

conhecimento ou da moral não significa pôr-se em busca de sua origem, negligenciando como irrelevantes ou inacessíveis os casos e as meticulosidades de seus começos, os episódios e os acidentes de sua história; significa, ao contrário, manter os eventos na dispersão que lhes é própria, deter-se nos ínfimos desvios e nos erros que acompanham e determinam seu sentido. Significa, numa palavra, procurar em cada evento a assinatura que o qualifica e especifica e em cada assinatura o evento e o signo que a portam e condicionam. Ou ainda, nas palavras de Foucault, "mostrar que falar é fazer algo – e não simplesmente expressar um pensamento"[103].

É evidente que desconstrução e arqueologia não esgotam o catálogo das estratégias assinadoriais. É possível, por exemplo, imaginar uma prática que, sem se deter indefinidamente nas assinaturas puras, nem indagando simplesmente sua relação vital com os signos e os eventos do discurso, remonte para além da cisão entre assinatura e signo e entre semiótico e semântico, para assim conduzir as assinaturas a sua realização histórica. Se é possível, nesse sentido, uma pesquisa filosófica que tenda, para além das assinaturas, em direção àquele Não-assinado que, segundo Paracelso, coincide com a condição paradisíaca e com a perfeição final, é, como se costuma dizer, outra história, que cabe a outros verificar.

---

[103] Michel Foucault, *L'Archéologie du savoir*, cit., p. 272.

3. Arqueologia filosófica

1. A ideia de uma "arqueologia filosófica" aparece pela primeira vez em Kant. Nos *Lose Blätter* [Folhas soltas] para o texto de 1791, *Über die Fortschritte der Metaphysik* [Os progressos da metafísica], ele se questiona sobre a possibilidade de uma "história filosófica da filosofia". Uma história assim, ele escreve, "não é em si possível histórica ou empiricamente, mas somente racionalmente, isto é, *a priori*. Se ela expõe *facta* da razão, não pode tomá-los emprestados da narração histórica, mas deve extraí-los da natureza da razão humana como uma arqueologia filosófica [*als philosophische Archäologie*]"[1]. O paradoxo implícito em tal arqueologia é que ela, a partir do momento que não pode se tratar simplesmente de uma história daquilo que os filósofos "questionaram sobre a origem, o

[1] Immanuel Kant, "Lose Blätter zu den Fortschritten der Metaphysik", em *Gesammelte Schriften. Akademie-Ausgabe*, III (Berlim, De Gruyter, 1942), p. 341.

escopo e o objetivo das coisas do mundo"[2], isto é, das "opiniões [*Meynungen*] que surgiram casualmente aqui e ali", corre o risco de não ter um início e de propor uma "história de coisas que não aconteceram"[3].

As anotações de Kant voltam mais de uma vez a esse paradoxo: "Não se pode escrever uma história de coisas que não aconteceram, para a qual somente podem ser dados preparativos e materiais"[4]. "Todo conhecimento histórico é empírico [...]. Uma representação histórica da filosofia narra, então, como e em que ordem se filosofou. Mas o filosofar é um gradual desenvolvimento da razão humana e isso não pode ter se desenrolado por via empírica nem ter começado segundo meros conceitos."[5] "A história da filosofia é de uma espécie tão particular que nela não se pode narrar nada do que aconteceu, sem antes conhecer o que teria ou poderia ter acontecido."[6]

Reflitamos sobre o caráter inteiramente peculiar dessa ciência que Kant chama de "arqueologia filosófica". Ela se dá como uma "história" e, como tal, não pode deixar de se questionar sobre a própria origem: mas, como é uma história, por assim

---

[2] Idem.

[3] Ibidem, p. 343.

[4] Ibidem, p. 342-3.

[5] Ibidem, p. 340.

[6] Ibidem, p. 343.

dizer, *a priori*, cujo objeto coincide com o próprio fim da humanidade, ou seja, com o desenvolvimento e com o exercício da razão, a *archḗ* que ela procura nunca pode se identificar com um dado cronológico, nunca pode ser "arcaica". Ademais: uma vez que a filosofia tem a ver não apenas e nem tanto com o que foi, mas com o que deveria e poderia ter sido, ela mesma acaba por ser, num certo sentido, algo que ainda não se realizou, assim como sua história é "história de coisas que não aconteceram".

Por isso, na *Logik* [Lógica], Kant pôde escrever que "qualquer filósofo constrói, por assim dizer, sua obra sobre as ruínas [*auf den Trümmern*] de uma outra" e que "a filosofia não é algo que se possa aprender, pelo simples motivo de que ainda não se realizou"[7]. A arqueologia é, nesse sentido, uma ciência das ruínas, uma "ruinologia", cujo objeto, mesmo sem constituir um princípio transcendental em sentido próprio, nunca pode realmente se realizar como um todo empiricamente presente. As *archái* são o que poderia ou deveria ter se realizado e que poderá talvez um dia se realizar, mas que, por enquanto, só existem na condição de objetos parciais ou ruínas. Assim como os filósofos, que não existem na realidade, elas se realizam somente como *Urbilder*, arquétipos ou imagens

---

[7] Idem, "Logik", em *Werkausgabe* (org. Wilhelm Weischedel, Frankfurt a. M., Suhrkamp, 1974), v. VI, p. 448.

originais[8]. E "um arquétipo permanece tal só se não pode ser alcançado. Ele deve servir somente como uma cordinha para sinalizar a direção [*Richtschmur*]"[9].

2. A ideia de uma desomogeneidade essencial presente em toda autêntica prática histórica, de uma diferença constitutiva entre a *archḗ* que ela indaga e a origem factícia está na base do ensaio de Foucault de 1971, *Nietzsche, la généalogie, l'histoire* [Nietzsche, a genealogia, a história]. Desde logo, a estratégia do ensaio é clara: trata-se de jogar a genealogia, cujo modelo Foucault resgata em Nietzsche, contra qualquer busca por uma origem. Nessa perspectiva, também pode ser útil buscar a aliança da história: "A genealogia não se opõe à história [...], opõe-se, ao contrário, ao desdobramento meta-histórico de significados ideais e de teleologias indefinidas. Ela se opõe à busca pela 'origem'"[10]. Para esse fim, Foucault distingue, entre os termos usados por Nietzsche, *Ursprung*, que reserva à "origem" como *bête noire*, do qual é preciso tomar distância, e os dois vocábulos "que melhor que *Ursprung* designam o objeto

---

[8] Idem, "Philosophische Enzyklopädie", em *Gesammelte Schriften. Akademie--Ausgabe* (Berlim, De Gruyter, 1973), v. XXIX, p. 7.

[9] Idem.

[10] Michel Foucault, *Dits et écrits* (org. Daniel Defert e Francois Ewald, Paris, Gallimard, 1994), v. 2, p. 136-7 [ed. bras.: *Ditos e escritos*, Rio de Janeiro, Forense Universitária, 2010-2014, 10 v.].

próprio da genealogia"[11]: *Herkunft*, que ele traduz como "proveniência", e *Entstehung*, "ponto de insurgência". Se Nietzsche recusa a busca pela origem é porque *Ursprung* designa

> a essência exata da coisa, sua possibilidade mais pura, sua identidade cuidadosamente voltada para si mesma, sua forma imóvel e anterior a tudo o que é exterior, acidental e posterior. Buscar tal origem significa tentar encontrar "o que já era", o "isso mesmo" de uma imagem perfeitamente adequada a si mesma: significa considerar como adventícias todas as peripécias que aconteceram, todas as astúcias e todos os disfarces; significa querer tirar todas as máscaras, para deixar evidente no final uma identidade primeira.[12]

É contra essa ideia que o genealogista luta. Isso não significa que ele não procure algo como um início. Mas o que ele encontra "no início histórico das coisas"[13] nunca é "a identidade preservada da sua origem".

> Fazer a genealogia dos valores, da moral, do ascetismo, do conhecimento nunca será, então, partir em busca da sua "origem", deixando de lado como inacessíveis todos os episódios da história; significará, ao contrário, demorar-se nas meticulosidades e nos acasos dos inícios [...]. O genealogista necessita da história para esconjurar a quimera da origem.[14]

---

[11] Ibidem, p. 140.

[12] Ibidem, p. 138.

[13] Idem.

[14] Ibidem, p. 140.

O termo francês *conjurer*, que traduzimos como "esconjurar", une em si dois significados opostos: "evocar" e "expelir". Ou, talvez, os dois sentidos não sejam opostos, porque para esconjurar algo – um espectro, um demônio, um perigo – é preciso antes de tudo evocá-lo. Resta o fato de que a aliança entre o genealogista e o historiador encontra seu sentido exatamente nessa "evocação-expulsão". Anos depois, numa entrevista de 1977, o mesmo gesto definirá a relação da genealogia com o sujeito: deve-se ser capaz de dar conta da constituição do sujeito nas tramas da história para poder definitivamente se desvencilhar dele:

> É preciso, desvencilhando-se do sujeito constituinte, desvencilhar-se do próprio sujeito, chegar a uma análise que consiga dar conta da constituição do sujeito na trama histórica. É isso que chamarei de genealogia: dar conta da constituição dos saberes, dos discursos, dos âmbitos de objetos etc., sem ter que se referir a um sujeito.[15]

A operação, que está em questão na genealogia, consiste na evocação e na eliminação da origem e do sujeito. Mas o que é que fica no lugar deles? Porque continua sempre se tratando de remontar a algo como o momento em que saberes, discursos, âmbitos de objetos se constituíram. Só que essa "constituição" tem lugar, por assim dizer, no não-lugar da origem. Onde se

---

[15] Michel Foucault, *Dits et écrits*, cit., v. 3, p. 147.

situam "proveniência" (*Herkunft*) e "insurgência" (*Entstehung*), se elas nunca estão nem podem estar em posição de origem?

3. A identificação, em toda pesquisa histórica, de uma franja ou de um estrato heterogêneo, que não se situa em posição de origem cronológica, mas como alteridade qualitativa, se deve na realidade não a Nietzsche, mas ao teólogo que possivelmente foi o amigo mais lúcido e fiel de Nietzsche: Franz Overbeck. Overbeck chama de *Urgeschichte*, "pré-história", essa dimensão com a qual toda pesquisa histórica deve necessariamente se confrontar. E não só na história da Igreja:

> Somente a partir da diferença essencial entre pré-história e história explica-se por que a pré-história goza de uma consideração tão particular. A pré-história é, de fato, uma história mais relevante e decisiva que qualquer história, e isso de forma absoluta, não só na história da Igreja. A história da insurgência [*Entstehungsgeschichte*] é, na história de qualquer vivente e, em geral, na vida, incomparável.[16]

Isso significa que, segundo Overbeck, todo fenômeno histórico se divide necessariamente em *Urgeschichte* e *Geschichte*, pré-história e história, que são conexas mas não homogêneas,

---

[16] Franz Overbeck, "Kirchenlexicon Materialen. Christentum und Kultur", em *Werke und Nachlass* (org. Barbara von Reibnitz, Stuttgart-Weimar, Metzler, 1996), VI, 1, p. 53.

e requerem metodologias e precauções diferentes. A pré-história não coincide simplesmente com o cronologicamente mais antigo:

> O caráter fundamental da pré-história é o de ser história da insurgência [*Entstehungsgeschichte*] e não, como seu nome poderia sugerir, de ser antiquíssima [*uralt*]. Ela pode, aliás, ser muito jovem, e o fato de ser jovem ou velha não constitui, em todo caso, uma qualidade que lhe cabe de modo original. Essa qualidade se deixa perceber nela tão pouco quanto uma relação com o tempo caiba em geral à história. Mais do que isso, a relação com o tempo, que lhe cabe, só lhe é atribuída pela subjetividade do observador. Como a história em geral, também a pré-história não está ligada a um lugar particular no tempo.[17]

À primeira vista, a heterogeneidade da pré-história tem um fundamento objetivo, porque "a história começa somente onde os monumentos se tornam inteligíveis e há disponibilidade de testemunhos escritos confiáveis. Atrás e para cá jaz a pré-história"[18]. Mas que se trata, na realidade, não de um dado objetivo, e sim de uma heterogeneidade constitutiva ínsita na própria investigação histórica, que se encontra a cada vez diante de um passado, por assim dizer, de tipo especial, é especificado logo depois, para além de qualquer dúvida: "também a pré-história tem a ver com o passado, mas com um passado em sentido especial", em relação ao qual "o véu, que está suspenso

---

[17] Ibidem, p. 57.

[18] Ibidem, p. 53.

sobre toda tradição, se intensifica até a impenetrabilidade"[19]. Já no estudo *Über die Anfänge der patristischen Literatur* [Sobre os primórdios da literatura patrística] (1882), Overbeck havia distinguido, nesse sentido, uma *christliche Urliteratur* de uma *urchristliche Literatur*. Na obra póstuma, ele especifica que "o passado de uma *Urliteratur* não é um simples passado, mas um passado qualificado ou um passado à segunda potência – Mais-que-passado [*Mehr-als-Vergangenheit*] ou Superpassado [*Übervergangenheit*]: nele, não há nada ou quase de passado"[20].

O fato é que história e pré-história, unidas na origem, se separam irrevogavelmente numa determinada altura:

> Na história de todo organismo chega o momento em que os limites que o separam do mundo não podem ser ulteriormente deslocados. Nesse momento a pré-história ou história da insurgência [*Entstehungsgeschichte*] se separa da história. Daí a semelhança entre esse momento e a morte e a facilidade com a qual em cada história, no sentido comum do termo, toma lugar a aparência de uma história da decadência [*Verfallsgeschichte*]. Ela desfaz novamente aquele elo dos elementos que a pré-história produzira ... Se, portanto, nas coisas que possuem uma vida e uma eficácia histórica, é preciso distinguir entre a sua época pré-histórica e aquela histórica, é a pré-história a colocar a base da sua eficácia histórica.[21]

---

[19] Idem.

[20] Ibidem, p. 55.

[21] Ibidem, p. 53.

Não apenas pré-história e história são diferentes e, ao mesmo tempo, conectadas, mas a própria eficácia histórica de um fenômeno está ligada a essa distinção.

Os elementos, que na história estamos acostumados a considerar como separados, na pré-história, de fato, coincidem imediatamente e se manifestam tão somente em sua unidade viva. Tomemos o caso de um livro: na pré-história, ele

> age como a unidade fechada em si de si mesmo e do autor ... levar a sério o livro significa, neste tempo, não saber do seu autor nada além dele. A eficácia histórica do livro se funda sobre essa unidade, mas ela se dissolve ao longo da sua efetividade, até que no final o livro vive sozinho, e não mais seu autor nele. Esse é o tempo da história literária, cujo motivo fundamental é a reflexão sobre o autor dos livros que agora são os únicos que ficaram em vida ... Nesse estágio, o livro ... age separadamente do seu autor, mas com isso também entra em jogo o processo que levará, no final, ao esgotamento de toda eficácia.[22]

4. Qualquer um que realize uma pesquisa histórica deve, mais cedo ou mais tarde, se confrontar com essa heterogeneidade constitutiva inerente a sua própria investigação. E o faz na forma da crítica da tradição e da crítica das fontes, que lhe

[22] Ibidem, p. 54.

impõem cautelas especiais. A crítica não diz respeito apenas à particular antiguidade do passado, mas, acima de tudo, à maneira como ele foi construído numa tradição. Overbeck, que por muito tempo trabalhou com as fontes da patrística, tem plena consciência disso:

> Não há história sem tradição – mas se, nesse sentido, toda história é acompanhada por uma tradição, isso não significa [...] que a coisa, que é chamada de tradição, permaneça sempre idêntica [...]. Quem escreve a história deve chegar à sua exposição através de um incansável trabalho preliminar: este é a crítica da tradição. Na medida em que a historiografia pressupõe essa crítica e as pretensões da crítica em relação à autonomia são justificadas, também se justifica a exigência de retroceder em cada período até sua tradição e é justo se perguntar se a tradição da pré-história não se caracteriza antes da tradição de qualquer outro período.[23]

Aquilo com que a crítica da tradição e das fontes lida não é um início meta-histórico, mas a própria estrutura da pesquisa histórica. É nesse sentido que é preciso reler as páginas que, no § 6 de *Sein und Zeit* [Ser e tempo], Heidegger dedica à "destruição da tradição" e em que é possível perceber ecos do pensamento de Overbeck. A célebre distinção entre "história" (*Historie*) e "historicidade" (*Geschichtlichkeit*), que aqui é elaborada, não é nada de metafísico e tampouco implica

---

[23] Ibidem, p. 52.

simplesmente uma contraposição entre objeto e sujeito. Ela se torna inteligível no momento em que é colocada em relação ao seu contexto, que é justamente a distinção entre tradição e crítica das fontes:

> A tradição dominante tende tão pouco a tornar acessível o que ela "transmite", que, acima de tudo e no mais, antes o cobre. Ela entrega o transmitido à obviedade e bloqueia o acesso às "fontes" [*Quellen*] originais, pelas quais as categorias e os conceitos transmitidos haviam sido tocados, de forma, ao menos em parte, autêntica. A tradição faz com que se esqueça, em geral, essa proveniência [*Herkunft*]. Ela tem como consequência a inutilidade mesmo só de compreender a necessidade de uma tal regressão.[24]

A "destruição da tradição" deve, pois, se confrontar com esse enrijecimento da tradição para tornar possível aquele "regresso ao passado" (*Rückgang zur Vergangenheit*[25]) que coincide com o reacesso às fontes.

Overbeck chama de "canonização" o dispositivo pelo qual a tradição impede o acesso às fontes[26] e isso é verdade, em particular, para a literatura cristã das origens. Naturalmente, há outros modos também de impedir ou controlar o acesso às

---

[24] Martin Heidegger, *Sein und Zeit* (Tübingen, Niemeyer, 1972 [1927]), p. 21 [ed. bras.: *Ser e tempo*, 10. ed., trad. Fausto Castilho, Petrópolis, Vozes, 2015].

[25] Idem.

[26] Franz Overbeck, "Kirchenlexicon Materialen. Christentum und Kultur", cit., p. 56.

fontes. Um deles passa, na cultura moderna, pelos dos saberes que, definindo e regulando a ecdótica dos textos, transformam o próprio acesso às fontes numa tradição especial, ou seja, a ciência da tradição manuscrita. Se a filologia opera uma crítica necessária e saudável dessa tradição, ela não pode restituir *ipso facto* ao texto crítico que ela produz seu caráter de fonte, constituí-lo como ponto de insurgência. Mesmo quando é possível remontar, para aquém do arquétipo, ao autógrafo, o acesso ao caráter de fonte de um texto – isto é, à sua pré-história – necessita de uma operação ulterior. A fonte, entendida como ponto de insurgência, não coincide de fato com os documentos da tradição manuscrita, apesar de não ser obviamente possível acessar a fonte sem passar pela análise de primeira mão daquela tradição. Aliás, o contrário não é verdade: é possível ter acesso à tradição manuscrita sem ter acesso à fonte como ponto de insurgência (quem tem alguma familiaridade com a prática filológica corrente sabe que ela é, pelo contrário, a regra, enquanto o remontar da tradição manuscrita à maneira da *Urgeschichte* – o que implica a capacidade de renovar o conhecimento daquela tradição – é a exceção).

Mas para o que regride o pesquisador que encara o problema da crítica da tradição e do cânone? Está claro que o problema não é aqui meramente filológico, porque também as necessárias cautelas filológicas se complicam, quando se tem a ver com *Urgeschichte* e *Entstehung*. Não é possível ter acesso num modo novo, para além da tradição, às fontes, sem colocar em questão o próprio sujeito histórico que deve ter acesso a elas. O que está em questão é o mesmo paradigma epistemológico da pesquisa.

Podemos chamar provisoriamente de "arqueologia" aquela prática que, em toda investigação histórica, tem a ver não com a origem, mas com o ponto de insurgência do fenômeno, e deve, portanto, se confrontar novamente com as fontes e com a tradição. E não pode encarar a tradição sem desconstruir os paradigmas, as técnicas e as práticas mediante as quais ela regula as formas da transmissão, condiciona o acesso às fontes e determina, em última análise, o próprio estatuto do sujeito cognoscente. O ponto de insurgência é aqui, então, a um só tempo, objetivo e subjetivo, situando-se, aliás, num limiar de indecidibilidade entre o objeto e o sujeito. Ele nunca é o surgir do fato sem ser também o surgir do próprio sujeito cognoscente: a operação sobre a origem é, ao mesmo tempo, uma operação sobre o sujeito.

5. Há um cuidado importante que é preciso observar toda vez que se pressupõe, na origem de uma cisão histórica que nos é familiar, um estágio pré-histórico (ou, de alguma forma, mais originário) unitário. Consideremos, por exemplo, a divisão entre esfera religiosa e esfera jurídica profana, cujos traços

distintivos nos aparecem – pelo menos em alguma medida – definidos. Ao chegar a um estágio mais arcaico num desses âmbitos, frequentemente somos levados a pressupor para além dele um estágio anterior, em que a esfera sagrada e a profana ainda não estão separadas. Nesse sentido, Louis Gernet, trabalhando sobre o direito grego mais antigo, chamou de "pré-direito" (*pré-droit*) uma fase originária em que direito e religião eram indiscerníveis. E Paolo Prodi, em sua investigação sobre a história política do juramento, evoca de forma análoga um "indistinto primordial"[27], em que o processo de separação entre religião e política ainda não tinha começado. Em casos como esses, é essencial ter o cuidado para não projetar simplesmente no "indistinto primordial" pressuposto os traços que definem a esfera religiosa e a profana que nos são conhecidos e que são justamente o resultado da cisão. Assim como um composto químico tem propriedades específicas que não é possível reduzir à soma dos elementos que o compõem, também o que está antes da divisão histórica não é necessariamente a soma dos traços que definem seus fragmentos. O pré-direito (supondo que tal hipótese tenha sentido) não pode ser apenas um direito mais arcaico, assim como o que está antes da religião, tal como nós a conhecemos historicamente, não é apenas uma religião mais primitiva: aliás, seria aconselhável

[27] Paolo Prodi, *Il sacramento del potere. Il giuramento politico nella storia costituzionale dell'Occidente* (Bolonha, Il Mulino, 1992), p. 24.

evitar os próprios termos "religião" e "direito", e tentar imaginar um x, para cuja definição precisamos lançar mão de todo cuidado possível, praticando uma espécie de *epoché* arqueológica, que suspenda – ao menos provisoriamente – a atribuição a ele dos predicados que estamos habituados a relacionar com a religião e o direito. Também nesse sentido a pré-história não é homogênea à história, o ponto de insurgência não é idêntico ao que vem a ser por meio dele.

6. Em 1973, na introdução ao terceiro volume de *Mythe et épopée* [Mito e epopeia], Georges Dumézil, em polêmica com o estruturalismo que ia se afirmando naqueles anos, procurou definir o método de suas próprias pesquisas, que ele qualifica resolutamente como "históricas".

> Eu não sou estruturalista, não tenho oportunidade nem de sê-lo nem de não sê-lo. Meu esforço não é o de um filósofo, mas quer ser o de um historiador, de um historiador da história mais velha e da franja de ultra-história [*de la plus vieille histoire et de la frange d'ultra-histoire*] que se pode razoavelmente procurar alcançar; isso se limita a observar os dados primários em âmbitos que sabemos ser geneticamente aparentados e depois, por meio da comparação de alguns desses dados primários, remontar aos dados secundários que constituem seus protótipos comuns.[28]

[28] Georges Dumézil, *Mythe et épopée* (Paris, Gallimard, 1973), v. 3, p. 14.

Esse método, como Dumézil não tem dificuldades em reconhecer, deriva da gramática comparada das línguas indo-europeias:

> O que às vezes é chamado de "teoria dumeziliana" consiste sem mais nem menos no relembrar que existiram, num certo momento, os indo-europeus e em pensar, na esteira dos linguistas, que a comparação das mais antigas tradições dos povos que são, pelo menos em parte, seus herdeiros, deve permitir entrever as grandes linhas de sua ideologia.[29]

A consistência da "franja de ultra-história" que o historiador procura aqui alcançar é, então, solidária à existência do indo-europeu e do povo que o falava. Ela existe no mesmo sentido e na mesma medida em que existe uma forma indo-europeia (por exemplo **deiwos* ou **med*, formas que os linguistas têm o hábito de anteceder com um asterisco para diferenciá-las das palavras atestadas nas línguas históricas). Mas cada uma dessas formas, para ser rigorosos, é apenas um algoritmo que expressa um sistema de correspondências entre as formas existentes nas línguas históricas e, nas palavras de Meillet, o que chamamos de indo-europeu é apenas "o conjunto desses sistemas de correspondências [...] que supõe uma língua *x* falada por homens *x* num lugar *x* num tempo *x*", onde *x* está simplesmente para "desconhecido"[30]. Do indo-europeu jamais se poderão

[29] Ibidem, p. 15.

[30] Antoine Meillet, *Linguistique historique et linguistique générale* (Paris, Champion, 1975 [1921]), p. 324.

extrapolar eventos que se supõem historicamente acontecidos, a menos que não se queira legitimar o *monstrum* de uma pesquisa histórica que produz seus documentos originais. Por isso, o método de Dumézil registrou um progresso significativo em relação à mitologia comparada do final do século XIX, quando, por volta de 1950, ele reconheceu que a ideologia das três funções (sacerdotes, guerreiros, pastores ou, em termos modernos, religião, guerra, economia) "não se traduzia necessariamente, na vida de uma sociedade, numa divisão tripartida *real* desta sociedade, de acordo com o modelo indiano (das três castas)", mas que ela representava precisamente sobretudo uma "ideologia", algo como "um ideal e, ao mesmo tempo, um modo de analisar e interpretar as forças que regulam o curso do mundo e a vida dos homens"[31].

A "história mais velha", a "franja de ultra-história" que a arqueologia procura alcançar, não pode ser localizada na cronologia, num passado remoto, mas tampouco para além dela, numa estrutura meta-histórica intemporal (por exemplo, como ironizava Dumézil, no sistema neuronal de um hominídeo). Assim como as palavras indo-europeias, ela representa uma tendência presente e operante nas línguas históricas, que condiciona e torna inteligível seu desenvolvimento no tempo. Ela é uma *arché*: mas uma *arché* que, como em Nietzsche e em Foucault,

[31] Georges Dumézil, *Mythe et épopée* (Paris, Gallimard, 1968), v. I, p. 15.

não é repelida diacronicamente no passado, mas garante a coerência e a compreensibilidade sincrônica do sistema.

7. O termo "arqueologia" está ligado às pesquisas de Michel Foucault. Ele aparece de forma discreta – mas decisiva – já no prefácio de *Le Mots et le choses*. Aqui, a arqueologia, diferentemente da história "no sentido tradicional do termo", se apresenta como a busca de uma dimensão ao mesmo tempo paradigmática e transcendental, uma espécie de "*a priori* histórico", em que os saberes e os conhecimentos encontram sua condição de possibilidade. Tal dimensão é a episteme, o "campo epistemológico em que os conhecimentos, considerados fora de qualquer critério que se refira a seu valor racional ou a suas formas objetivas, arraigam sua positividade e manifestam, assim, uma história que não é a do progressivo aperfeiçoamento, mas aquela de suas condições de possibilidade"[32]. Não se trata tanto, especifica Foucault, de uma história das ideias ou das ciências, mas sim de uma pesquisa que, retomando contracorrente a história das formações discursivas, dos saberes e das práticas, se esforça em descobrir

> a partir do que foram possíveis as teorias e os conhecimentos; segundo qual espaço de ordem se constituiu o saber; na base

[32] Michel Foucault, *Les Mots et les choses: Une archéologie des sciences humaines* (Paris, Gallimard, 1966), p. 13 [ed. bras.: *As palavras e as coisas: uma arqueologia das ciências humanas*, 10. ed., trad. Salma Tannus Muchail, São Paulo, Martins Fontes, 2016].

> de qual *a priori* histórico e no contexto de qual positividade as ideias puderam aparecer, as ciências se constituir, as experiências espelhar-se nas filosofias, as racionalidades tomar forma para depois, talvez, se desvanecer e desaparecer.[33]

Paremos no oximoro "*a priori* histórico". Ele pretende ressaltar que, como no ensaio de 1971, também aqui não se trata de uma origem meta-histórica, uma espécie de doação originária que funda e determina os saberes. Como a *Archéologie du savoir* esclarecerá três anos depois, a episteme é ela mesma uma prática histórica, um conjunto de relações que "numa dada época é possível descobrir entre as ciências quando são analisadas no âmbito de sua regularidade discursiva"[34]. O *a priori*, que condiciona a possibilidade dos conhecimentos, é a sua própria história, colhida num nível particular. Esse nível é o ontológico de sua simples existência, o "fato bruto" de seu manifestar-se num dado tempo e num certo modo; ou, para usar a terminologia do ensaio sobre Nietzsche, de seu "ponto de insurgência" (nos termos de Overbeck, de sua "pré-história"). Mas como pode um *a priori* manifestar-se e existir historicamente? E de que modo é possível ter acesso a ele?

---

[33] Idem.

[34] Michel Foucault, *L'Archéologie du savoir* (Paris, Gallimard, 1969), p. 250 [ed. bras.: *A arqueologia do saber*, 8. ed., trad. Luiz Felipe B. Neves, Rio de Janeiro, Forense Universitária, 2012].

Com toda probabilidade, mais do que da arqueologia filosófica kantiana, a ideia de um "*a priori* histórico" deriva de Marcel Mauss, que, a propósito da noção de *mana*, escreve na sua *Esquisse d'une théorie générale de la magie* [Esboço de uma teoria geral da magia] (1902-1903) que ela é "a própria condição da experimentação mágica" e que "ela é dada *a priori*, preliminarmente a toda experiência. Não se trata propriamente de uma representação da magia, como a simpatia, os demônios ou as propriedades mágicas. Ela governa as representações mágicas, é a sua condição, a sua forma necessária. Funciona como uma categoria, que torna possíveis as ideias mágicas, assim como as categorias tornam possíveis as ideias humanas"[35]. Com um desenvolvimento significativo, Mauss define esse histórico transcendental como "uma categoria inconsciente do intelecto"[36], sugerindo implicitamente nesse modo que o modelo epistemológico que tal conhecimento requer não pode ser totalmente homogêneo ao do saber histórico consciente. E todavia, tal como para Foucault, também para Mauss fica claro que o *a priori*, mesmo condicionando a experiência histórica, se inscreve ele mesmo em determinada constelação histórica. Ou seja, ele concretiza o paradoxo de uma condição *a priori* inscrita numa história que só pode se constituir

[35] Marcel Mauss, *Sociologie et anthropologie* (Paris, PUF, 1950), p. III [ed. bras.: *Sociologia e antropologia*, 2. ed., trad. Paulo Neves, São Paulo, Cosac & Naify, 2015].

[36] Idem.

a posteriori em relação a ela e em que a pesquisa – no caso de Foucault, a arqueologia – deve descobri-la.

8. Foucault não se questionou sobre a estrutura temporal específica que a noção de um *a priori* histórico parece implicar. No entanto, o passado que está em questão aqui é, tal como a pré-história de Overbeck e a "franja de ultra-história" em Dumézil, um passado de tipo especial, que não antecede cronologicamente o presente como uma origem, nem lhe é simplesmente exterior (nesse sentido, nas palavras de Overbeck, ele não contém "nada ou quase nada de passado"). No ensaio sobre o *déjà-vu*, Henri Bergson apresentara a tese de que a recordação não vem depois da percepção, mas lhe é contemporânea e, portanto, tão logo a atenção da consciência afrouxar, pode gerar aquele "falso reconhecimento" que ele define, com uma expressão só aparentemente paradoxal, uma "recordação do presente". Ele escreve que tal recordação "pertence ao passado com relação à forma, e ao presente com relação à matéria"[37]. Ademais: se a percepção corresponde ao atual e a imagem da recordação ao virtual, então, de acordo com Bergson, o virtual também será necessariamente contemporâneo ao real.

[37] Henri Bergson, "Le Souvenir du présent et la fausse reconnaissance", em *L'Énergie spirituelle* (Paris, PUF, 1949 [1919]), p. 137 [ed. bras.: "A lembrança do presente e o falso reconhecimento", trad. Jonas G. Coelho, em *Trans/Form/Ação*, Marília, v. 29, n. 1, 2006].

No mesmo sentido, a condição de possibilidade que está em questão no *a priori* histórico, que a arqueologia se esforça para alcançar, não só é contemporânea ao real e ao presente, mas é e permanece imanente a eles. Com um gesto singular, o arqueólogo que persegue tal *a priori* retrocede, por assim dizer, na direção do presente. É como se, considerado do ponto de vista da arqueologia ou de seu ponto de insurgência, todo fenômeno histórico se cindisse conforme a falha que nele separa um antes e um depois, uma pré-história e uma história, uma história das fontes e uma tradição histórica que, por coincidirem por um instante no ponto de insurgência, são na verdade contemporâneas. E é algo desse tipo que Benjamin devia ter em mente quando, na esteira de Overbeck, escrevia que na estrutura monadológica do objeto histórico estão contidas tanto a pré-história quanto a sua "pós-história" (*Vor- und Nachgeschichte*), ou quando sugeria que todo o passado deve ser introduzido no presente numa "apocatástase histórica"[38]. (A apocatástase é a restituição na origem que, segundo Orígenes, realiza-se no fim dos tempos. Qualificando como "histórica" uma realidade escatológica, Benjamin recorre a uma imagem bastante parecida com o "*a priori* histórico" foucaultiano.)

---

[38] Walter Benjamin, *Das Passagenwerk*, em *Gesammelte Schriften* (org. Rolf Tiedemann e Hermann Schweppenhäuser, Frankfurt a. M., Suhrkamp, 1982), V, I, p. 573 [ed. bras.: *Passagens*, trad. Irene Aron e Cleonice Paes B. Mourão, Belo Horizonte, Editora UFMG, 2006].

9. Deve-se a Enzo Melandri a apreensão precoce da relevância filosófica da arqueologia foucaultiana e a tentativa de desenvolver e esclarecer sua estrutura. Ele observa que, ao passo que a explicitação dos códigos e das matrizes básicas de uma cultura geralmente se faz recorrendo a outro código de ordem superior, ao qual se atribui uma espécie de poder explicativo misterioso (é o modelo da "origem"), com Foucault "a pesquisa arqueológica se propõe, ao contrário, reverter o procedimento, ou melhor, tornar a explicação do fenômeno imanente à sua descrição"[39]. Isso implica uma decidida recusa da metalinguagem e o recurso a uma "matriz paradigmática, ao mesmo tempo concreta e transcendental, que tem a função de dar forma, regra e norma a um conteúdo"[40] (é o modelo do "*a priori* histórico"). É essa matriz imanente que Melandri procura analisar, colocando-a em relação com a oposição freudiana de consciente e inconsciente. Ricoeur já aludira a uma "arqueologia do sujeito", a propósito da primazia que, no pensamento de Freud, cabe ao passado e ao arcaico. A análise freudiana mostra que o processo secundário da consciência está sempre atrasado em relação ao processo primário do desejo e do inconsciente. A realização do desejo, que o sonho almeja, é necessariamente regressiva, por estar modelada no "desejo

[39] Enzo Melandri, "Michel Foucault: l'epistemologia delle scienze umane", *Lingua e Stile*, Bolonha, il Mulino, n. 2, v. 1, 1967, p. 78.

[40] Ibidem, p. 96.

indestrutível" de uma cena infantil, da qual assume o lugar. Por isso, escreve Ricoeur,

> a regressão, de que o sonho é testemunho e modelo, atesta a impotência do homem de operar definitiva e integralmente essa substituição, a não ser na forma inadequada do recalque. O recalque é o regime normal de um psiquismo fadado ao atraso e sempre à mercê do indestrutível e do infantil.[41]

Ao lado dessa arqueologia em sentido estrito, segundo Ricoeur, há nos escritos metapsicológicos de Freud também uma "arqueologia generalizada", que concerne à interpretação psicanalítica da cultura:

> O gênio do freudismo é ter desmascarado a estratégia do princípio do prazer, forma arcaica do humano, sob suas racionalizações, idealizações e sublimações. A função da análise é a de reduzir a aparente novidade à ressurgência do antigo: satisfação por substituição, restauração do objeto arcaico perdido, reaparecimento do fantasma inicial – cada um desses nomes designa a restauração do antigo sob os traços do novo.[42]

Totalmente diferente é a concepção melandriana da arqueologia. Assim como para Foucault, o ponto de partida está em Nietzsche, em particular no conceito de "história crítica" da

---

[41] Paul Ricœur, *De l'interprétation. Essai sur Freud* (Paris, Éditions du Seuil, 1965), p. 431 [ed. bras.: *Da interpretação: ensaio sobre Freud*, trad. Hilton Japiassu, Rio de Janeiro, Imago, 1977].

[42] Ibidem, p. 432.

segunda *Extemporânea*, isto é, naquela história que critica e destrói o passado, para tornar a vida possível. Melandri generaliza esse conceito, aliando-o, com um extraordinário *tour de force*, ao conceito freudiano de regressão:

> Esta (a história crítica) precisa repercorrer na contramão a genealogia real dos eventos de que se ocupa. A divisão que veio a se estabelecer entre historiografia (*historia rerum gestarum*) e história real (*res gestae*) é muito parecida com aquela que desde sempre subsiste entre consciente e inconsciente segundo Freud. Portanto, a história crítica tem a função de uma terapia destinada à recuperação do inconsciente entendido como "recalque" histórico. Ricoeur e Foucault, como já dito, chamam de "arqueológico" esse procedimento. Ele consiste em remontar na genealogia até chegar à origem da bifurcação em consciente e inconsciente do fenômeno em questão. Só no caso de se conseguir alcançar esse ponto, a síndrome patológica revela seu significado real. Trata-se, então, de uma *regressão*: mas não para o inconsciente como tal, e sim para aquilo que o tornou inconsciente – no sentido dinâmico de recalque.[43]

Se a relação entre arqueologia e regressão já estava em Ricoeur, Melandri, nessa passagem muito densa, inverte drasticamente seu signo. A visão pessimista da regressão, incapaz de superar a cena infantil originária, cede lugar aqui a uma visão quase

[43] Enzo Melandri, *La linea e il circolo. Studio logico-filosofico sull'analogia* (Macerata, Quodlibet, 2004 [1968]), p. 65-6.

soteriológica da arqueologia, capaz de remontar regressivamente à origem da cisão entre consciente e inconsciente. Mas como entender essa singular "regressão arqueológica", que não busca alcançar no passado o inconsciente e o esquecido, mas remontar até o ponto em que se produziu a dicotomia entre consciente e inconsciente, historiografia e história (e, mais em geral, entre todas as oposições binárias que definem a lógica da nossa cultura)? Não se trata simplesmente, segundo a vulgata do modelo analítico, de trazer à consciência o que foi recalcado e que volta a aflorar em forma de sintoma. Tampouco, segundo um difundido e enfadonho paradigma de história das classes subalternas, de escrever uma história dos excluídos e vencidos, perfeitamente homogênea à dos vencedores. Melandri especifica mais de uma vez que a arqueologia, ao invés disso, deve ser entendida precisamente como uma regressão e que, enquanto tal, ela é o contrário de uma racionalização:

> Para a arqueologia é essencial o conceito de regressão e, ainda, que a operação regressiva seja o recíproco exato da racionalização. Racionalização e regressão são operações inversas, assim como diferencial e integral [...]. Para recuperar uma arquifamosa, mas em boa medida ainda incompreendida expressão de Nietzsche (se é verdade o que estamos dizendo, também é verdade, infelizmente, que não poderá jamais ser entendida inteiramente), podemos dizer, a este ponto, que a arqueologia pede uma regressão "dionisíaca". Como observa Valéry, *nous entrons dans l'avenir*

> *à reculons* [...] para entender o passado deveríamos igualmente repercorrê-lo à *reculons*.[44]

10. A imagem de uma procissão no tempo, de costas viradas para a meta, encontra-se também, como se sabe, em Walter Benjamin, ao qual devia ser familiar a citação de Valéry. Na IX tese, o anjo da história, cujas asas se enredaram na tempestade do progresso, avança rumo ao futuro à *reculons*. A regressão "dionisíaca" de Melandri é a imagem inversa e complementar do anjo benjaminiano. Se este avança rumo ao futuro fitando o passado, o anjo de Melandri regride no passado olhando para o futuro. Ambos procedem em direção a algo que não podem ver nem conhecer. Essa meta invisível das duas imagens do processo histórico é o presente. Ele aparece no ponto em que os olhares deles se encontram, quando um futuro alcançado no passado e um passado alcançado no futuro coincidem por um instante.

O que acontece, pois, quando a regressão arqueológica alcança o ponto em que se produziu a cisão entre consciente e inconsciente, historiografia e história, que define a condição em que nos encontramos? Como já deve ter ficado óbvio, nossa maneira de nos representarmos o antes de uma cisão

---

[44] Ibidem, p. 67.

é governado pela própria cisão. Imaginar um "antes" assim significa, de fato, seguindo a lógica inerente à cisão, pressupor-lhe uma condição originária, que em determinado momento se separou. Nesse caso, isso se manifesta na tendência a nos representarmos o aquém ou o além da dicotomia como uma condição feliz, uma espécie de época áurea isenta de recalques, perfeitamente consciente e dona de si. Ou seja, como em Freud e Ricœur, como a infinita repetição da cena infantil, a aparição indestrutível do fantasma do desejo. De modo oposto, aquém ou além da cisão, vindo a faltarem as categorias que governavam sua representação, não há outra coisa senão o súbito e obcecante descerrar-se do ponto de insurgência, o revelar-se do presente como aquilo que não podemos nem viver, nem pensar.

11. A ideia de que o presente possa manifestar-se na forma de uma inexperienciabilidade constitutiva está ligada à concepção freudiana do trauma e do recalque. Segundo essa concepção, uma experiência atual – um choque ferroviário, uma cena infantil (geralmente concernente à sexualidade), uma pulsão –, por seu caráter traumático ou por ser, em todo o caso, inaceitável para a consciência, é recalcada para o inconsciente. Ela entra assim numa fase de latência, durante a qual parece, por assim dizer, não ter ocorrido, mas

no decorrer da qual começam a aparecer no sujeito sintomas neuróticos ou conteúdos oníricos que testemunham o retorno do que foi recalcado. Desse modo,

> O que as crianças de dois anos viveram e não compreenderam pode muito bem não ser lembrado nunca mais senão nos sonhos [...]; contudo, em algum momento posterior, irromperá em suas vidas com impulsos coagidos, comandará suas ações, determinará suas simpatias e antipatias, motivará com certa frequência suas escolhas amorosas.[45]

Somente a análise pode permitir remontar, para além dos sintomas e das ações compulsórias, aos eventos recalcados.

Em *Der Mann Moses und die monotheistische Religio* [*O homem Moisés e a religião monoteísta*], Freud aplica esse esquema à história dos judeus. À imposição da lei por parte de Moisés, segue-se um longo período em que a religião mosaica entra numa fase de latência, para reaparecer mais tarde nos moldes do monoteísmo judaico que nos é familiar. Freud institui, nessa perspectiva, um paralelismo entre aquela "particular condição da recordação" que "classificamos como 'inconsciente'" e a tradição histórica. Ele escreve: "Nossa expectativa é a de

---

[45] Sigmund Freud, *Der Mann Moses und die monotheistische Religion* (Amsterdam, De Lange, 1938) [ed. it.: *L'uomo Mosè e la religione monoteistica. Tre saggi*, em *Opere*, XI: *1930-1938. L'uomo Mosè e la religione monoteistica e altri scritti*, org. Cesare L. Musatti, Turim, Boringhieri, 1979; ed. bras.: *O homem Moisés e a religião monoteísta*, trad. Renato Zwick, Porto Alegre, L&PM, 2014].

encontrar aqui uma analogia com a condição que gostaríamos de atribuir à tradição na vida psíquica de um povo"[46]. Isto é, a tradição funciona, em relação a seu *traditum*, como um período de latência, em que o evento traumático é simultaneamente (segundo a etimologia que une *tradere* e trair) guardado e recalcado.

Cathy Caruth, no livro *Unclaimed Experience* [Experiência não reclamada], sugere que a latência é, de alguma forma, constitutiva da experiência histórica e que só e exatamente através do seu esquecimento o evento traumático é conservado e experienciado:

> A experiência do trauma, o fato da latência, pareceria assim consistir não no esquecimento de uma realidade que não pode, pois, jamais ser plenamente conhecida, mas numa latência inerente à própria experiência. O poder histórico do trauma consiste, mais do que no fato de a experiência ser repetida após seu esquecimento, no fato de que ele pode ser experimentado tão somente por meio do esquecimento que lhe é inerente [...] Que a história é história de um trauma significa que ela só é significativa na medida em que não é percebida plenamente enquanto acontece; ou, em outras palavras, que a história só pode ser entendida na própria inacessibilidade de sua realização.[47]

---

[46] Ibidem, p. 443.

[47] Cathy Caruth, *Unclaimed Experience. Trauma, Narrative and History* (Baltimore, Johns Hopkins University Press, 1996), p. 17-8.

Tentemos desenvolver essas ideias, que a autora deixa sem explicação, concernentes à arqueologia. Elas implicam, antes de mais nada, que não apenas a recordação, como em Bergson, mas também o esquecimento é contemporâneo à percepção e ao presente. Enquanto percebemos algo, o lembramos e o esquecemos ao mesmo tempo. Cada presente contém, nesse sentido, uma parte de não-vivido. Antes, ele é, eventualmente, o que permanece não-vivido em qualquer vida, o que, por seu caráter traumático ou por sua excessiva proximidade, permanece inexperienciado em qualquer experiência (ou, se quisermos, nos termos da história do ser heideggeriana, o que na forma do esquecimento destina-se numa tradição e numa história). Isso significa que não é só, e nem tanto, o vivido, mas também e acima de tudo o não-vivido a dar forma e consistência à trama da personalidade psíquica e da tradição histórica, a assegurar-lhes continuidade e consistência. E faz isso na forma dos fantasmas, dos desejos e das pulsões obsessivas que incessantemente urgem no limiar da consciência (individual ou coletiva). Parafraseando um ditado de Nietzsche, poderíamos dizer que quem não viveu algo (seja ele indivíduo ou povo) sempre faz a mesma experiência.

12. A analogia entre regressão arqueológica e psicanálise mostra-se agora mais clara. Em ambos os casos, trata-se de

acessar um passado que não foi vivido e que, portanto, não pode ser definido tecnicamente "passado", mas permaneceu, de alguma forma, presente. No esquema freudiano, esse não-passado atesta seu ter-sido por meio dos sintomas neuróticos, dos quais a análise se utiliza como um fio de Ariadne para remontar ao evento originário. Na investigação genealógica, o acesso ao passado, que foi encoberto e recalcado pela tradição, se torna possível tão somente pelo paciente trabalho que substitui a busca da origem pela atenção ao ponto de insurgência. Mas como é possível ter de novo acesso a um não-vivido, regressar a um evento que para o sujeito, de alguma forma, ainda não se realizou verdadeiramente? A regressão arqueológica, remontando para aquém do limite entre o consciente e o inconsciente, alcança também a linha de falha em que recordação e esquecimento, vivido e não-vivido, se comunicam e se separam simultaneamente. Não se trata, porém, de realizar, como acontece no sonho, o "desejo indestrutível" de uma cena infantil, nem de repetir infinitamente, como na visão pessimista de *Jenseits des Lustprinzips*, um trauma originário. E tampouco, como na terapia analítica bem-sucedida, de trazer à consciência os conteúdos que foram recalcados no inconsciente. Trata-se, antes, por meio da meticulosidade da investigação genealógica, de evocar seu fantasma, mas, simultaneamente, de trabalhá-lo, de desconstruí-lo, de detalhá-lo até sua progressiva erosão e perda de seu estatuto originário. A regressão arqueológica é, assim, elusiva: não tende, como em Freud, a restaurar uma condição anterior, mas a decompô-la, deslocá-la e, em última análise, a contorná-la, para remontar não a seus conteúdos, mas às modalidades, às circunstâncias e aos momentos da cisão, a qual, ao recalcar esses conteúdos, os constituiu como origem. Nesse sentido, ela é a recíproca exata do eterno retorno: não quer repetir o passado para consentir com o que foi, transformando o "assim foi" num "assim quis que fosse". Quer, ao contrário, deixá-lo ir, livrando-se dele, para acessar, aquém ou além dele, o que nunca foi, o que nunca quis.

Somente nesse ponto o passado não-vivido revela-se por aquilo que era: contemporâneo ao presente, tornando-se dessa forma acessível pela primeira vez, apresentando-se como "fonte". Por isso, a contemporaneidade, a com-presença ao próprio presente, por implicar a experiência de um não-vivido e a recordação de um esquecimento, é rara e difícil; por isso, a arqueologia, que remonta para aquém da recordação e do esquecimento, é a única via de acesso ao presente.

13. O texto em que Michel Foucault descreveu – ou pressentiu – com maior precisão as estratégias e os gestos da arqueologia talvez resida em seu primeiro escrito publicado, o longo prefácio (1954) a *Le rêve et l'existence* [O sonho e a existência], de

Ludwig Binswanger. Embora o termo exato esteja obviamente ausente, o "movimento da liberdade", que é aqui atribuído ao sonho e à imaginação, compartilha com a arqueologia significados e objetivos. Desde o início, a tese freudiana sobre o sonho como realização vicária de um desejo originário é decididamente negada. Se o sonho é sonho e não desejo satisfeito, isso se dá porque ele "realiza também todos os contra-desejos" que se opõem ao próprio desejo. "O fogo onírico é a ardente satisfação do desejo sexual, mas o que faz com que o desejo assuma forma na substância sutil do fogo é tudo aquilo que recusa esse desejo e procura incessantemente apagá-lo."[48] Daí a insuficiência da análise freudiana: a linguagem do sonho é reduzida unicamente à sua "função semântica", deixando de lado a "estrutura morfológica e sintática", isto é, seu estar articulado em imagens. Por isso, sendo a análise da dimensão propriamente imaginária da expressão totalmente omitida, "a psicanálise nunca conseguiu fazer falar as imagens"[49].

Se o movimento do sonho nunca pode esgotar-se na restauração de uma cena ou de um trauma originários, isso se dá porque ele remonta para muito além desses, para beber de novo nos "movimentos primeiros da liberdade" até coincidir com a "trajetória da própria existência". Seguir essa trajetória

---

[48] Michel Foucault, *Dits et écrits*, cit., v. 1, p. 97.

[49] Ibidem, p. 101.

no sonho significa para o sujeito questionar-se radicalmente, arriscar-se, antes de mais nada, na própria "irrealização".

> Imaginar Pierre depois de um ano de ausência não significa anunciá-lo para mim no modo da irrealidade [...], significa sobretudo irrealizar a mim mesmo, ausentar-me deste mundo onde não é possível para mim encontrar Pierre. Isso não quer dizer que eu "escapo para outro mundo", nem que passeio ao longo das margens possíveis do mundo real. Retorno nos caminhos do mundo da minha presença; e confundem-se, então, as linhas da necessidade das quais Pierre é excluído, e minha presença, como presença neste mundo, apaga-se.[50]

Longe de restaurar uma condição arcaica anterior, um fantasma e uma história familiar, o sonho começa por destruir e despedaçar todo mundo real, arrastando antes de tudo a si mesmo nessa destruição; se voltar atrás no tempo, é para ultrapassar o universo subjetivo e o objetivo que lhe corresponde em direção ao "mundo na véspera de sua primeira explosão, quando ele ainda coincide com sua própria existência"[51]. E da mesma forma que, no livro de 1969, a arqueologia será definida justamente por seu captar os fenômenos no âmbito de sua insurgência e de seu puro existir, também no sonho "realiza-se a passagem da antropologia à ontologia", em que "a própria existência, na direção fundamental do imaginário,

---

[50] Ibidem, p. 139.

[51] Ibidem, p. 128.

indica seu próprio fundamento ontológico"[52]. E, enquanto em Freud o fantasma representa a meta indestrutível que orienta o movimento da regressão, sonho e imaginação recolocam continuamente em questão todo cristalizar-se de seu impulso numa imagem ou num fantasma. Produz-se, de fato, um fantasma "quando o sujeito encontra o movimento livre de sua existência aniquilado pela presença de uma quase-percepção que o envolve e imobiliza"[53]. Pelo contrário, "o valor de uma imaginação poética é medido pela sua potência de destruição interna da imagem"[54]: "toda imaginação, se quer ser autêntica, precisa aprender a sonhar; e a arte poética tem sentido somente se ensina a quebrar a fascinação das imagens, reabrindo à imaginação sua senda livre para o sonho, que lhe oferece, como verdade absoluta, seu 'inquebrável núcleo de noite'"[55]. E essa dimensão para além das imagens e dos fantasmas, rumo à qual se dirige o movimento da imaginação, não é a repetição obsessiva de um trauma ou de uma cena primária, mas sim o momento primeiro da existência "em que se realiza a constituição originária do mundo"[56].

---

[52] Ibidem, p. 137.

[53] Ibidem, p. 145.

[54] Ibidem, p. 143.

[55] Ibidem, p. 146.

[56] Ibidem, p. 145.

14. Procuremos pensar a estrutura temporal específica implícita numa arqueologia filosófica. Nela não está precisamente em questão um passado, mas um ponto de insurgência. De resto, ela só pode abrir um caminho para esse passado voltando atrás até o ponto em que ele foi recoberto e neutralizado pela tradição (nos termos de Melandri, até o ponto em que se produziu a cisão entre consciente e inconsciente, historiografia e história). O ponto de insurgência, a *arché* da arqueologia, é o que acontecerá, que se tornará acessível e presente, tão somente quando a investigação arqueológica realizar sua operação. Ele tem, portanto, a forma de um passado no futuro, isto é, de um *futuro anterior**.

Não se trata aqui, simplesmente, como foi sugerido, de "uma apelação para os desenvolvimentos alternativos que foram condenados em primeiro grau"[57], nem de possíveis conjecturas alternativas ao estado de coisas real. Benjamin escreveu certa vez que "na lembrança nós fazemos uma experiência que nos proíbe de conceber a história de forma fundamentalmente ateológica", pois a lembrança modifica, de algum modo, o passado, transformando o inacabado em acabado e o acabado

* Expressão que indica, na gramática italiana, o tempo verbal correspondente ao futuro do presente composto do português. (N. T.)

[57] Paolo Virno, "Un dedalo di parole. Per un'analisi linguistica della metropoli", em Massimo Ilardi (org.), *La città senza luoghi. Individuo, conflitto, consumo nella metropoli* (Gênova, Costa & Nolan, 1991), p. 74.

em inacabado[58]. Se a lembrança é, nesse sentido, a força que restitui uma possibilidade àquilo que já foi (confirmando-o, todavia, como passado), o esquecimento é aquilo que incessantemente lhe tira essa possibilidade (guardando, todavia, de algum modo, sua presença). Na arqueologia, trata-se porém – para além da memória e do esquecimento ou, antes, em seu limiar de indiferença – de acessar pela primeira vez o presente.

Justamente por isso a passagem que se abre para o passado está projetada para o futuro. Já na introdução a *Le Rêve et l'existence*, Foucault registra, contra Freud, essa íntima tensão do sonho para o futuro:

> O ponto essencial do sonho, mais do que aquilo que ele ressuscita do passado, é o que anuncia do porvir. Pressagia e anuncia o momento em que a doente revelará finalmente para seu analista aquele segredo que ainda não conhece e que é, contudo, a carga mais pesada de seu presente [...]; o sonho antecipa o momento da libertação. É presságio da história, antes mesmo de ser repetição obrigatória do passado traumático.[59]

Para além do acento aqui colocado, talvez, com demasiada ingenuidade sobre o porvir como "primeiro momento da liberdade que se liberta"[60], cabe especificar que o futuro que está

---

[58] Walter Benjamin, *Das Passagenwerk*, cit., p 589.

[59] Michel Foucault, *Dits et écrits*, cit., v. 1, p. 127.

[60] Idem.

em questão na arqueologia se complica num passado, é um *futuro anterior*: é aquele *passado que terá sido*, quando o gesto do arqueólogo (ou a potência do imaginário) *terá liberado* o campo dos fantasmas do inconsciente e das tramas espessas da tradição que impedem o acesso à história. Somente na forma desse "terá sido" o conhecimento histórico se torna verdadeiramente possível.

15. A arqueologia repercorre a contrapelo o curso da história, assim como a imaginação repercorre a biografia individual. Ambas representam uma força regressiva, que porém não retrocede, como a neurose traumática, para uma origem que permanece indestrutível, mas, ao contrário, para o ponto em que, segundo a temporalidade do *futuro anterior*, a história (individual ou coletiva) torna-se pela primeira vez acessível.

A relação entre arqueologia e história torna-se, dessa forma, transparente. Ela corresponde àquela que na teologia islâmica (como também, embora de modo diferente, na teologia cristã e judaica) distingue e une, a um só tempo, redenção e criação, "imperativo" (*amr*) e "criação" (*khalq*), profetas e anjos. De acordo com essa doutrina, há em Deus duas obras ou praxes: a obra da redenção e a da criação. À primeira correspondem os profetas, que funcionam de mediadores para afirmar a obra da salvação; à segunda correspondem os anjos, mediadores para a obra da criação. A obra da salvação antecede, na ordem, a da criação: daí a superioridade dos profetas sobre os anjos. (Na teologia cristã, as duas obras, unidas em Deus, são atribuídas na Trindade a duas pessoas distintas, o Pai e o Filho, o criador onipotente e o redentor, em que Deus despojou-se de sua força.)

Determinante nessa concepção é o fato de que a redenção antecede a criação na ordem, de que aquilo que parece vir depois é, na verdade, anterior. Ela não é um remédio para a queda das criaturas, mas a única coisa que torna compreensível a criação, atribuindo-lhe seu sentido. Por isso, no islã, a luz do profeta é o primeiro entre os seres (assim como, na tradição judaica, o nome do messias foi criado antes da criação do mundo e, no cristianismo, o Filho, ainda que gerado pelo Pai, é-lhe consubstancial e coetâneo). E é instrutivo que a obra da salvação – apesar de na ordem preceder a obra da criação – seja confiada, no islã e no judaísmo, a uma criatura. Isso confirma o paradoxo, que já deveria nos ser familiar, segundo o qual as duas obras não são simplesmente separadas, mas são assentadas num único lugar, onde a obra da salvação age como uma espécie de *a priori* imanente na da criação, tornando-a possível.

Repercorrer a contrapelo, como faz o arqueólogo, o curso da história equivale, então, a repercorrer a obra da criação para devolvê-la à salvação de onde vem. No mesmo sentido, Benjamin fazia da redenção uma categoria plenamente histórica, oposta em todos os sentidos à apologia dos maus historiadores. E não apenas a arqueologia é, nesse sentido, o *a priori* imanente da historiografia, mas também o gesto do arqueólogo é o paradigma de qualquer verdadeira ação humana. Pois o que define a categoria de um autor e de cada homem não é simplesmente a obra da vida, mas a maneira como conseguiu trazê-la de volta para a obra da redenção, imprimir nela a assinatura da salvação e torná-la inteligível. A criação só será possível para aquele que souber salvá-la.

16. A história das ciências humanas, antes de entrar numa fase de recessão, conheceu uma aceleração decisiva ao longo de toda a primeira metade do século XX, quando a linguística e a gramática comparada assumiram nela a função de "disciplinas-piloto". A ideia de que, com uma análise puramente linguística, fosse possível remontar a estágios mais arcaicos (o ultra-históricos, para retomar a expressão de Dumézil) da história da humanidade foi sugerida no final do século XIX por Hermann Usener, em sua investigação sobre os *Götternamen* [Nomes dos deuses] (1896). No início de sua pesquisa, ao se questionar sobre como poderia ter ocorrido a criação dos nomes divinos, ele observou que, para tentar responder a tal pergunta – absolutamente fundamental na história das religiões –, não temos outro "testemunho" (*Urkunde*) além do que nos

vem de uma análise da linguagem[61]. Mas, já antes dele e decerto com menos rigor, a gramática comparada havia inspirado as pesquisas daqueles estudiosos, de Max Müller a Adalbert Kuhn e a Émile Burnouf, que nos últimos trinta anos do século XIX procuraram criar a mitologia comparada e a ciência das religiões. No momento exato em que, com o *Vocabulaire* de Benveniste, a gramática comparada alcançava seu ápice em sua tentativa de reconstruir, pelo exame de dados exclusivamente linguísticos, não apenas e não particularmente os "nomes divinos", mas, antes, as linhas gerais das próprias "instituições indo-europeias", assistia-se a uma recessão generalizada de tal projeto e à guinada da linguística para o modelo formalizado de tipo chomskiano, em cujo horizonte epistemológico era difícil a proposição de tal pesquisa.

Não cabe questionar aqui a função e o futuro das ciências humanas hoje. A esta altura, nosso interesse é voltar a nos interrogar sobre como deve ser entendida a *arché* que está em questão na arqueologia. Assim, se é verdade que a pesquisa registrou um progresso significativo quando, quer no âmbito linguístico quer no da história das culturas, se abandonou a ancoragem a uma língua presumida como real e a um povo que a falava ("o indo-europeu acadêmico como era falado, pensava-se, no

[61] Hermann Usener, *Götternamen. Versuch einer Lehre von der religiosen Begriffsbildung* (Frankfurt a. M., Klostermann, 2000 [1896]), p. 5.

momento da dispersão"[62]), se os estudiosos compreenderam que o importante, mais do que reconstruir um protótipo inverificável, era explicar comparativamente as línguas conhecidas, não era todavia possível, nessa perspectiva, cortar totalmente a conexão com a fundamentação ontológica implícita na hipótese. Dessa forma, quando em 1969 Benveniste publicou sua obra-prima, decerto não ficava claro como devia ser entendido o *locus* epistemológico e a consistência histórica de algo como uma "instituição indo-europeia", e é provável que o autor, mesmo que não tivesse sido acometido, naquele mesmo ano, por uma forma de total e incurável afasia, não teria tido condição de sugerir uma solução.

Na perspectiva da arqueologia filosófica que aqui se propõe, o problema da ancoragem ontológica deve ser integralmente revisto. A *archḗ* para a qual a arqueologia regride não deve ser entendida de jeito nenhum como um dado a ser inserido numa cronologia (ainda que com uma ampla grade de tipo pré-histórico): ela é, antes, uma força operante na história, da mesma forma que as palavras indo-europeias exprimem um sistema de conexões entre as línguas historicamente acessíveis, a criança na psicanálise é uma força ativa na vida psíquica do adulto e o *big bang*, que se supõe ter dado origem ao universo, é algo que continua enviando para nós sua radiação fóssil.

[62] Georges Dumézil, *Mythe et épopée*, cit., v. I, p. 9.

Porém, contrariamente ao *bing bang*, que os astrofísicos pretendem, mesmo que em termos de milhões de anos, datar, a *archē* não é um dado ou uma substância, mas sim um campo de correntes históricas bipolares, estendidas entre a antropogênese e a história, entre o ponto de insurgência e o devir, entre um arquipassado e o presente. E, enquanto tal – ou seja, por ser, como a antropogênese, algo que se supõe necessariamente ocorrido, mas que não pode ser hipostasiado num evento na cronologia –, ele só tem condição de garantir a inteligibilidade dos fenômenos históricos, de "salvá-los" arqueologicamente, num *futuro anterior*, na compreensão não de uma origem – em todo caso, inverificável –, mas de sua história, ao mesmo tempo acabada e não totalizável.

A este ponto, também é possível compreender o que está em jogo na mudança do paradigma das ciências humanas da gramática comparada (uma disciplina essencialmente histórica) para a gramática gerativa (isto é, uma disciplina, em última instância, biológica). O problema continua sendo, nos dois casos, o da ancoragem ontológica última, que é para a gramática comparada (e para as disciplinas que nela se fundamentam) um acontecimento histórico originário, e para a gramática gerativa (e para as disciplinas cognitivistas com ela solidárias) o sistema neuronal e o código genético do *Homo sapiens*. O predomínio hoje, no âmbito das ciências humanas, de modelos provenientes das ciências cognitivas testemunha essa mudança do paradigma epistemológico. As ciências humanas alcançarão, entretanto, seu decisivo limiar epistemológico somente quando repensarem desde o início a própria ideia de uma ancoragem ontológica, para olhar o ser como um campo de tensões essencialmente históricas.

Bibliografia

A bibliografia inclui somente os livros citados no texto. As traduções, italianas ou em outras línguas, só são indicadas no caso em que realmente foram utilizadas*.

BENJAMIN, Walter. Über den Begriff der Geschichte. In: ____. *Gesammelte Schriften*. Org. Rolf Tiedemann e Hermann Schweppenhäuser. Frankfurt a. M., Suhrkamp, 1974 [1942]. I, 2. [Ed. bras.: Sobre o conceito de história. In: BENJAMIN, Walter. *O anjo da história*. Trad. João Barrento. Belo Horizonte, Autêntica, 2012.]

____. Über das mimetische Vermögen. In: ____. *Gesammelte Schriften*. Org. Rolf Tiedemann e Hermann Schweppenhäuser. Frankfurt a. M., Suhrkamp, 1977 [1933]. II, 1. [Ed. bras.: A capacidade mimética. In: KOSTAS, A.; BENJAMIN, W. et al. *Humanismo e comunicação de massa*. Rio de Janeiro, Tempo Brasileiro, 1970.]

____. *Das Passagenwerk*. In: *Gesammelte Schriften*. Org. Rolf Tiedemann e Hermann Schweppenhäuser. Frankfurt a. M., Suhrkamp, 1982. V, I.

* Quando disponíveis, também são indicadas as edições brasileiras mais recentes dos livros. (N. T.)

[Ed. bras.: *Passagens*. Trad. Irene Aron e Cleonice Paes B. Mourão. Belo Horizonte, Editora da UFMG, 2006.]

Benveniste, Émile. *Le Vocabulaire des institutions indo-européennes*. Paris, Éditions de Minuit, 1969. 2 v. [Ed. bras.: *O vocabulário das instituições indo-europeias*. Trad. Denise Bottmann. Campinas, Editora da Unicamp, 1995. 2 v.]

____. *Problèmes de linguistique genérale*. Paris, Gallimard, 1974. v. II. [Ed. bras.: *Problemas de linguística geral II*. Trad. Eduardo Guimarães et al. Campinas, Pontes, 1989.]

Bergson, Henri. Le Souvenir du présent et la fausse reconnaissance. In: ____. *L'Énergie spirituelle*. Paris, PUF, 1949 [1919]. [Ed. bras.: A lembrança do presente e o falso reconhecimento. Trad. Jonas G. Coelho. *Trans/Form/Ação*, Marília, v. 29, n. 1, 2006.]

Böhme, Jakob. *Sämtliche Werke*. Org. Will-Erich Peukert. Stuttgart, Frommann, 1955. v. VI.

Boureau, Alain. *Le Pape et les sorciers*: Une consultation de Jean XXII sur la magie en 1320 (manuscrit B. A. V. Borghese 348). Roma, École Française de Rome, 2004.

Caruth, Cathy. *Unclaimed Experience*: Trauma, Narrative and History. Baltimore, Johns Hopkins University Press, 1996.

Derrida, Jacques. *Marges de la philosophie*. Paris, Éditions de Minuit, 1972. [Ed. bras.: *Margens da filosofia*. Trad. Joaquim Torres Costa e António M. Magalhães. Campinas, Papirus, 1991.]

Dreyfus, Hubert L.; Rabinow, Paul. *Michel Foucault. Beyond Structuralism and Hermeneutics*: With an Afterword by and an Interview with Michel Foucault. Chicago, University of Chicago Press, 1983 (ed. fr.: *Michel Foucault, un parcours philosophique*: Au-delà de l'objectivité et de la subjectivité. Avec un entretien et deux essais de Michel Foucault. Paris, Gallimard, 1992). [Ed. bras.: *Michel Foucault*: uma trajetória filosófica. Trad. Vera Porto Carrero. Rio de Janeiro, Forense Universitária, 1995.]

Dumézil, Georges. *Mythe et épopée*. Paris, Gallimard, 1968-1973. 3 v.

FOUCAULT, Michel. *Les Mots et les choses*: Une archéologie des sciences humaines. Paris, Gallimard, 1966. [Ed. bras.: *As palavras e as coisas*: uma arqueologia das ciências humanas. 10. ed. Trad. Salma Tannus Muchail. São Paulo, Martins Fontes, 2016.]

____. *L'Archéologie du savoir*. Paris, Gallimard, 1969. [Ed. bras.: *A arqueologia do saber*. 8. ed. Trad. Luiz Felipe B. Neves. Rio de Janeiro, Forense Universitária, 2012.]

____. *Surveiller et punir*: Naissance de la prison. Paris, Gallimard, 1975 (ed. it.: *Sorvegliare e punire*: Nascita della prigione. 2. ed. Turim, Einaudi, 1993). [Ed. bras.: *Vigiar e punir*: o nascimento da prisão. 36. ed. Trad. Raquel Ramalhete. Petrópolis, Vozes, 2009.]

____. *Dits et écrits*. Org. Daniel Defert e Francois Ewald, com a colaboração de Jacques Lagrange. Paris, Gallimard, 1994. 4 v. [Ed. bras.: *Ditos e escritos*. Rio de Janeiro, Forense Universitária, 2010-2014. 10 v.]

FREUD, Sigmund. Der Moses des Michelangelo. *Imago*, III, I, 1914 (ed. it.: Il Mosè di Michelangelo. In: FREUD, Sigmund. *Opere*, v. VII: *1912-1914. Totem e tabù e altri scritti*. Org. Cesare L. Musatti. Turim, Boringhieri, 1975). [Ed. bras.: O Moisés de Michelangelo. In: FREUD, Sigmund. *Totem e tabu*: Contribuição à história do movimento psicanalítico e outros textos (1912-1914). Trad. Paulo César de Souza. São Paulo, Companhia das Letras, 2012.]

____. *Der Mann Moses und die monotheistische Religion*. Amsterdã: De Lange, 1938 (trad. it. L'uomo Mosè e la religione monoteistica. Tre saggi. In: FREUD, Sigmund. *Opere*, v. XI: *1930-1938. L'uomo Mosè e la religione monoteistica e altri scritti*. Org. Cesare L. Musatti. Turim, Boringhieri, 1979). [Ed. bras.: *O homem Moisés e a religião monoteísta*. Trad. Renato Zwick. Porto Alegre, L&PM, 2014.]

GINZBURG, Carlo. *Miti emblemi spie*: Morfologia e storia. Turim, Einaudi, 1986. [Ed. bras.: *Mitos, emblemas e sinais*: morfologia e história. Trad. Federico Carotti. São Paulo, Companhia das Letras, 1989.]

GOETHE, Wolfgang. Naturwissenschaftliche Schriften. In: ____. *Gedenkausgabe der Werke, Briefe und Gesprdche*. Org. Ernst Beutler. Zurique: Artemis, 1949-1952. v. I-II. p. XVI-XVII. [Ed. bras.: *Ensaios científicos*: Uma metodologia para o estudo da natureza. Trad. Jacira Cardoso. São Paulo, Ad Verbum Editorial/Barany, 2012.]

Goldschmidt, Victor. *Le Paradigme dans la dialectique platonicienne*. Paris, Vrin, 1985 [1947].

Heidegger, Martin. *Sein und Zeit*. Tübingen: Niemeyer, 1972 [1927]. [Ed. bras.: *Ser e tempo*. Trad. Fausto Castilho. 10. ed. Petrópolis: Vozes, 2015.]

Herbert de Cherbury. *De veritate*. Londres, s.e., 1645 (reimpressão anastática org. por Günter Gawlick. Stuttgart-Bad Cannstatt: Fromman, 1966).

Jâmblico. *Iamblicbus de mysteriis Aegyptiorum, Chaldaeorum, Assyriorum ... Proclus de sacrificio, & magia ... Marsilio Ficino florentino interprete*. Venetiis: in aedibus Aldi, 1516.

____. *Les Mystères d'Egypte*. Org. Édouard Des Places. Paris, Les Belles Lettres, 1966.

Kant, Immanuel. Lose Blätter zu den Fortschritten der Metaphysik. In: ____. *Gesammelte Schriften. Akademie-Ausgabe*. Berlim, De Gruyter, 1942. v. III.

____. Philosophische Enzyklopädie. In: ____. *Gesammelte Schriften. Akademie-Ausgabe*. Berlim, De Gruyter, 1973. v. XXIX.

____. Kritik der Urtheilskraft. In: ____. *Werkausgabe*. Org. Wilhelm Weischedel. Frankfurt a. M., Suhrkamp, 1974. v. X.

____. Logik. In: ____. *Werkausgabe*. Org. Wilhelm Weischedel. Frankfurt a. M., Suhrkamp, 1974. v. VI.

Kuhn, Thomas S. *The Structure of Scientific Revolutions*. Chicago, Chicago University Press, 1970 [1962] (ed. it.: *La struttura delle rivoluzioni scientifiche*. Turim, Einaudi, 1978). [Ed. bras.: *A estrutura das revoluções científicas*. 13. ed. Trad. Beatriz Vianna Boeira e Nelson Boeira. São Paulo, Perspectiva, 2018.]

Lévi-Strauss, Claude. Introduction a l'œuvre de Marcel Mauss. In: Mauss, Marcel. *Sociologie et anthropologie*. Paris, PUF, 1950. [Ed.

bras.: *Introdução à obra de Marcel Mauss*. Trad. Paulo Neves. São Paulo, Cosac & Naify, 2013.]

Luzzatto, Moshe Chaim. *Le Philosophe et le cabaliste*: Exposition d'un debut. Org. Joelle Hansel. Lagrasse, Verdier, 1991.

Mauss, Marcel. *Sociologie et anthropologie*. Paris, PUF, 1950. [Ed. bras.: *Sociologia e antropologia*. Trad. Paulo Neves. 2. ed. São Paulo, Cosac & Naify, 2015.]

Meillet, Antoine. *Linguistique historique et linguistique générale*. Paris, Champion, 1975 [1921].

Melandri, Enzo. Michel Foucault: l'epistemologia delle scienze umane. *Lingua e Stile*, Bolonha, il Mulino, n. 2, v. 1, 1967.

____. *La linea e il circolo*: Studio logico-filosofico sull'analogia. Macerata: Quodlibet, 2004 [1968].

Milo, Daniel S. *Trahir le temps. Histoire*. Paris, Les Belles Lettres, 1991.

Noailles, Pierre. *Fas et jus*: Études de droit romain. Paris, Les Belles Lettres, 1948.

Overbeck, Franz. Kirchenlexicon Materialen. Christentum und Kultur. In: ____. *Werke und Nachlass*. Org. Barbara von Reibnitz. Stuttgart-Weimar: Metzler, 1996. VI, 1.

Paracelso. *Bücher und Schriften*. Org. Johannes Huser. Basilea, Waldkirch, 1859. 6 v. (reimpressão anastática, Hildesheim/Nova York, Olms).

Pingree, Davis (org.). *Picatrix The Latin Version of the Gayat al-hakim*. Londres, The Warburg Institute-University of London, 1986.

Prodi, Paolo. *Il sacramento del potere*: Il giuramento politico nella storia costituzionale dell'Occidente. Bolonha, Il Mulino, 1992.

Ricœur, Paul. *De l'interprétation*: Essai sur Freud. Paris, Éditions du Seuil, 1965. [Ed. bras.: *Da interpretação*: Ensaio sobre Freud. Trad. Hilton Japiassu. Rio de Janeiro, Imago, 1977.]

Saussure, Ferdinand de. Ms. Fr. 3961. In: Starobinski, Jean. *Les Mots sous les mots*: Les Anagrammes de Ferdinand de Saussure. Paris, Gallimard, 1971. [Ed. bras.: Ms. Fr. 3961. In: Starobinski, Jean. *As palavras sob as palavras*: os anagramas de Ferdinand de Saussure. Trad. Carlos Vogt. São Paulo, Perspectiva, 1974.]

SCHMITT, Carl. *Politische Theologie II*: Die Legende von der Erledigung jeder politischen Theologie. Berlim, Duncker & Humblot, 1970. [Ed. bras.: *Teologia política*. Trad. Elisete Antoniuk. Belo Horizonte, Del Rey, 2006.]

USENER, Hermann. *Götternamen. Versuch einer Lehre von der religiosen Begriffsbildung*. Frankfurt a. M., Klostermann, 2000 [1896].

VIRNO, Paolo. Un dedalo di parole. Per un'analisi linguistica della metropoli. In: ILARDI, Massimo (org.). *La città senza luoghi*: individuo, conflitto, consumo nella metropoli. Gênova, Costa & Nolan, 1991.

WARBURG, Aby. Italienische Kunst und internationale Astrologie im Palazzo Schifanoia zu Ferrara. In: VV.AA. *L'Italia e l'arte straniera*. Anais do X Congresso internazionale di storia dell'arte. Roma, Maglione & Strini, 1922 (ed. it.: Arte italiana e astrologia internazionale nel Palazzo Schifanoia di Ferrara. In: WARBURG, Aby. *La rinascita del paganesimo antico*: Contributi alla storia della cultura raccolti da Gertrud Bing. Florença, La Nuova Italia, 1966). [Ed. bras.: Arte italiana e astrologia internacional no Palazzo Schifanoia em Ferrara. In: WAIZBORT, Leopoldo (org.). *Histórias de fantasma para gente grande*: Escritos, esboços e conferências. Trad. Lenin Bicudo Bárbara. São Paulo, Companhia das Letras, 2015.]

____. *Das Bilderatlas Mnemosyne*. Org. Martin Warnke, com a colaboração de Claudia Brink. Berlim, Akademie, 2000.

Índice onomástico

Sobre o autor

Giorgio Agamben, filósofo italiano, nasceu em Roma em 1942. É um dos principais intelectuais de sua geração. Deu cursos em várias universidades europeias e norte-americanas, mas se recusou a prosseguir lecionando na New York University em protesto à política de segurança dos Estados Unidos. Afastou-se da carreira docente no final de 2009. Sua obra, influenciada por Walter Benjamin, Michel Foucault e Hannah Arendt, está centrada nas relações entre filosofia, literatura, poesia e, fundamentalmente, política. Do autor, a Boitempo publicou:

***Estado de exceção*. Homo Sacer, II, I (2004)**
Coleção: Estado de Sítio
Tradução: Iraci D. Poleti
Texto de orelha: Gilberto Bercovici

***Profanações* (2007)**
Coleção: Marxismo e Literatura
Tradução: Selvino J. Assmann
Texto de orelha: Olgária Matos

***O que resta de Auschwitz: o arquivo e a testemunha*. Homo Sacer, III (2008)**
Coleção: Estado de Sítio
Tradução: Selvino J. Assmann
Texto de apresentação: Jeanne Marie Gagnebin

***O reino e a glória: uma genealogia teológica da economia e do governo*. Homo Sacer, II, 2 (2011)**
Coleção: Estado de Sítio
Tradução: Selvino J. Assmann

***Opus Dei: arqueologia do ofício*. Homo Sacer, II, 5 (2013)**
Coleção: Estado de Sítio
Tradução: Daniel Arruda Nascimento
Texto de orelha: Daniel Arruda Nascimento

***Altíssima pobreza: regras monásticas e forma de vida*. Homo Sacer, IV, 1 (2014)**
Coleção: Estado de Sítio
Tradução: Selvino J. Assmann
Texto de orelha: Edson Teles

***Pilatos e Jesus* (2014)**
Coedição: Ed. UFSC
Tradução: Patricia Peterle e Silvana de Gaspari
Revisão da tradução: Selvino J. Assmann
Texto de orelha: Douglas F. Barros
Texto de apresentação: Vinícius Nicastro Honesko

***O mistério do mal: Bento XVI e o fim dos tempos* (2015)**
Coedição: Ed. UFSC
Tradução: Patricia Peterle e Silvana de Gaspari
Revisão da tradução: Selvino J. Assmann

***O uso dos corpos*. Homo Sacer, IV, 2 (2017)**
Coleção: Estado de Sítio
Tradução: Selvino J. Assmann
Texto de orelha: Christian Ingo Lenz Dunker

***O fogo e o relato: ensaios sobre criação, escrita, arte e livros* (2018)**
Tradução: Andrea Santurbano e Patricia Peterle
Texto de apresentação: Andrea Santurbano e Patricia Peterle

Charge de Laerte Coutinho originalmente publicada
na *Folha de S.Paulo* em 9 de abril de 2019.

Publicado em maio de 2019, um mês após o assassinato de Evaldo Rosa dos Santos, que teve o carro onde estava sua família alvejado por 80 tiros disparados por militares – e do catador de recicláveis Luciano Macedo, que tentou ajudá-los –, crime que é a assinatura da ocupação do Rio de Janeiro pelo Exército brasileiro, este livro foi composto em Adobe Garamond Pro 12/18 e impresso em papel Avena 80 g/m², pela gráfica Rettec, para a Boitempo, com tiragem de 2.500 exemplares.